Contes et Légendes de l'Odyssée

Pour mieux connaître les dieux, les personnages et les décors des aventures d'Ulysse, tu trouveras un petit dictionnaire des noms propres page 177. Si tu souhaites en savoir plus sur Homère et sur l'Odyssée, tu peux consulter le petit dossier de la fin du livre.
À la page 10 de ce dossier, une carte t'aidera à situer les contrées que visite Ulysse pendant son périple.

Responsable de la collection : Hélène Wadowski
Coordination éditoriale : Frédérique Guillard
Direction artistique : Bernard Girodroux, Hélène Lemaire

HOMÈRE

CONTES ET LÉGENDES DE L'ODYSSÉE

Adaptation de Jean Martin

Illustrations de Romain Slocombe

NATHAN

Muse,
dis-moi
l'homme
aux mille
tours, celui
qui a tant
roulé par le
monde...

TÉLÉMAQUE 1

MUSE, dis-moi l'homme aux mille tours, celui qui a tant roulé par le monde, après avoir pillé Troie. Il a connu bien des souffrances sur la mer, en luttant pour sa vie, et pour ramener ses compagnons. Mais ils périrent par leur faute, les fous !... Les bœufs du Soleil Très-Haut, ils les avaient mangés ! Et le dieu les priva de la journée du retour. De tout cela, déesse, raconte-nous quelque chose, à nous aussi.

Tous les autres, tous ceux qui avaient réchappé de la guerre et de la mer, étaient rentrés chez eux. Lui seul, Ulysse, qui ne demandait que le retour et sa femme, il était retenu par la divine nymphe[1] Calypso, au creux de

1. Nymphe, *n. f.* : dans la mythologie classique, divinité secondaire des bois et des champs. Dans l'*Odyssée*, Calypso est une nymphe. Le mot grec signifie d'abord « jeune femme ».

ses cavernes, car elle désirait ardemment qu'il soit son époux.

Tous les dieux le plaignaient, sauf Poséidon qui le poursuivait de sa colère, parce qu'il avait aveuglé son fils Polyphème, le Cyclope . Mais Poséidon s'en alla banqueter chez les Éthiopiens, au bout du monde. Et sur la proposition d'Athéna, les autres dieux, profitant de son absence, décidèrent le retour d'Ulysse dans sa patrie. Hermès, le Messager, irait porter à la nymphe leur décret[1] sans appel…

Athéna, elle, se rendit à Ithaque, et, sous les traits d'un roi du voisinage, vint au palais d'Ulysse. Au milieu du désordre qu'y mettaient les prétendants[2], Télémaque au visage de dieu rêvait du retour de son père : s'il pouvait redevenir le maître chez lui !… Dès qu'il aperçut l'étranger, il courut l'accueillir :

---

1. Décret, *n. m.* : décision.

2. Prétendant, *n. m.* : homme qui prétend à la main d'une femme, qui la demande en mariage.

« Sois notre hôte[1], tu es le bienvenu ! Quand tu auras dîné, tu nous diras ce qui t'amène. »

Et, guidant la déesse, il l'installa à l'écart, loin du vacarme insolent des prétendants. Tandis qu'elle mangeait, il expliqua :

« Hélas ! mon père, Ulysse, est sans doute mort au loin ! Ses os doivent blanchir sur un rivage inconnu !… Je le pleurerais moins s'il était mort au pays des Troyens ! Les Achéens lui auraient fait une tombe, et quelle gloire il laisserait à son fils ! Mais j'ai d'autres raisons encore de pleurer, tu vois : tous les seigneurs de nos îles, Doulichion, Samé, Zante la forestière, et tous les hobereaux[2] d'Ithaque, tous prétendent épouser ma mère, et ruinent la maison. Elle ne peut pas refuser ce mariage qui lui fait horreur, ni en finir…

---

1. Hôte, *n. m.* : il désigne, dans une relation d'hospitalité, aussi bien celui qui reçoit que celui qui est reçu. En grec, le mot *xénos* désigne indistinctement l'hôte et l'étranger.

2. Hobereau, *n. m.* : petit seigneur campagnard.

Et, en attendant, ils épuisent, ils mangent ma maison ! Bientôt, ils me déchireront moi-même… »

Pleine de colère, Pallas Athéna répondit :

« Ah ! si Ulysse pouvait dire deux mots à ces prétendants ! Ils auraient la vie courte, et le mariage amer !… Mais tout cela repose sur les genoux des dieux ! Laisse-moi te conseiller… »

Quand elle lui eut mis l'audace dans le cœur, Athéna s'envola comme un oiseau. Et Télémaque, stupéfait, comprit qu'il s'agissait d'une déesse. Aussitôt que parut l'Aurore aux doigts de rose, le fils d'Ulysse fit convoquer l'assemblée sur la place et il prit la parole :

« Je vous ai convoqués car la douleur m'accable. Je n'ai pas seulement perdu mon père, qui autrefois régnait ici et qui était comme un père pour tous, mais je crains la ruine complète de ma maison, car des jeunes gens s'acharnent à prétendre épouser ma mère malgré son refus. Et, en attendant, ils

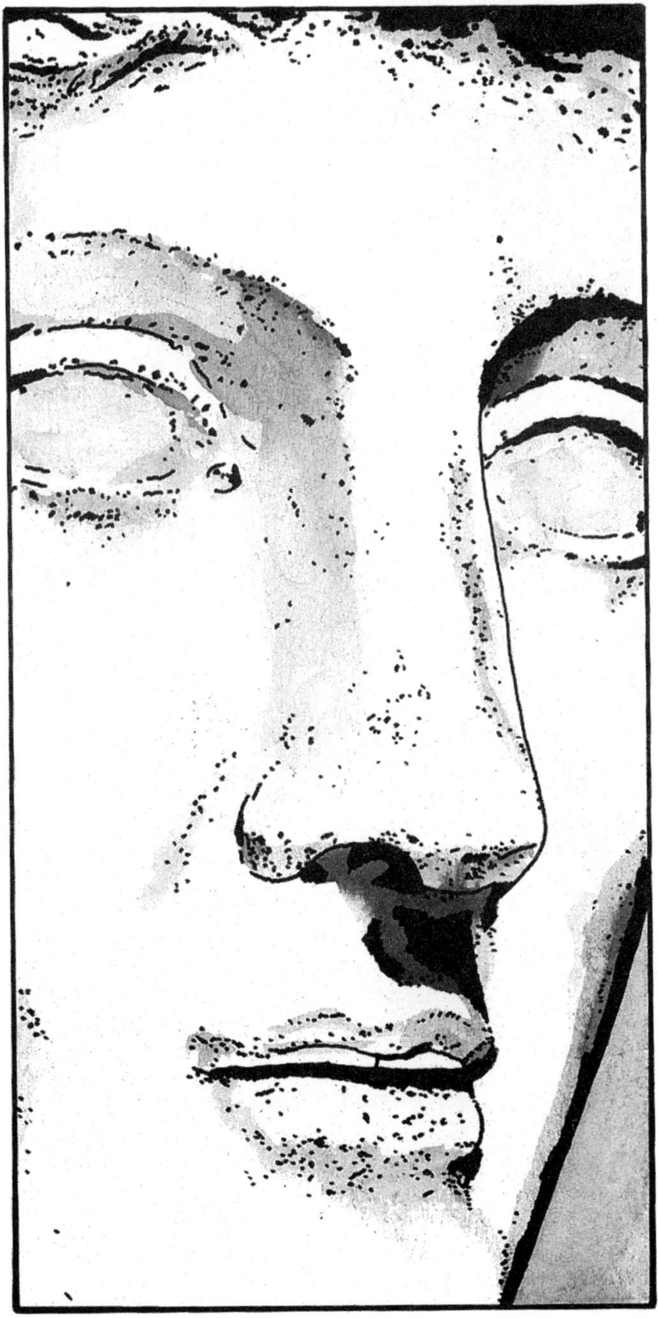

Athéna,
elle,
se rendit
à Ithaque...

passent leurs journées dans le palais de mon père, à tuer mes bœufs, mes moutons et mes chèvres grasses pour en faire des festins et ils boivent follement… Fâchez-vous donc, vous autres !… N'avez-vous pas honte de les laisser faire ? Ulysse vous maltraitait-il ? Avez-vous des raisons de vous venger de lui sur moi ? »

Dans sa colère, ses larmes jaillirent. Le peuple, pris de pitié, se taisait. Antinoos, l'un des prétendants, répondit :

« Télémaque, tu nous insultes et tu veux nous déshonorer ! Mais nous ne sommes pas responsables de tes maux : c'est ta mère, avec ses ruses ! Il y a trois ans, bientôt quatre, qu'elle maltraite nos cœurs. Elle nous fait tous espérer, et promet à chacun, tandis que son esprit trame tout autre chose ! Par exemple, s'étant mise à tisser dans la grand-salle une toile d'une finesse extraordinaire, elle disait : “ Jeunes gens, patientez jusqu'à ce que j'achève ce linceul que je tisse pour le seigneur Laërte, quand il mourra... ", mais elle défaisait la nuit ce qu'elle avait tissé le jour. Trois ans, elle nous a dupés ainsi !... Toi, maintenant, renvoie-la chez son père et qu'elle épouse l'un de nous, en accord avec lui ! Mais, pour l'instant, elle fait un mauvais calcul, car on te mangera tous tes biens, tant qu'elle n'aura pas changé d'avis : ce sera sa gloire, mais ta ruine !...

– Antinoos, il n'est pas question que je chasse de ma maison celle qui m'a enfanté et nourri !... Vous, plutôt, sortez de chez moi ! Allez banqueter à vos frais... Sans quoi, j'appellerai sur vous la vengeance divine ! Mais j'ai fini sur ce sujet : désormais, les dieux sont au courant, et tous les Achéens !... Pour l'instant, je voudrais qu'on me donne un bateau et vingt hommes, que j'aille chercher des nouvelles de mon père, à Pylos, chez Nestor, et à Sparte, chez le blond Ménélas. Si j'apprends qu'il est vivant, je patienterai encore un an, bien que je sois à bout. S'il est mort, je reviendrai aussitôt célébrer ses funérailles et donner à ma mère un époux. »

Les prétendants ne voulaient rien savoir... Proférant des menaces contre Télémaque, contre ceux qui parlaient en sa faveur, et contre Ulysse même, s'il venait à rentrer, ils levèrent brutalement la séance, empêchant qu'on équipe un bateau, et retournèrent dans la maison d'Ulysse.

Ils ne voient pas la mort, qui plane déjà sur eux.

Télémaque s'en allait, à l'écart, sur le rivage de la mer, en pleurant. Athéna s'avança, sous les traits de Mentor :

« Laisse les prétendants, ils ne voient pas la mort, qui plane déjà sur eux. Moi, par amitié pour ton père, je vais t'équiper un bateau, et je viens avec toi !... Va préparer les vivres, je vais recruter des volontaires dans le peuple. »

Télémaque obéit. De retour au palais, il alla trouver Euryclée ; après avoir été la nourrice, autrefois, d'Ulysse, elle était maintenant l'intendante du palais :

« Nourrice, veille à tout, mais jure-moi de ne rien dire à ma mère avant onze ou douze jours, à moins qu'en apprenant mon départ elle ne déchire ses belles joues en pleurant. »

Cependant, Athéna recrutait l'équipage. Elle dirigea elle-même la mise à flot du navire et, la nuit venue, pour qu'ils ignorent tout, elle endormit les prétendants. Les provisions une fois embarquées, elle fit souffler une brise qui vint frapper la voile et le bouillonnement des vagues résonna autour de l'étrave[1]. À bord, on dressa les cratères[2] débordant de vin, pour boire à la santé des dieux. Toute la nuit, et jusqu'après l'Aurore, on fit route.

---

1. Étrave, *n. f.* (terme de marine) : la partie avant de la coque d'un bateau, qui fend la mer.

2. Cratère, *n. m.* : grand vase à mélanger le vin et l'eau ; on faisait, dans l'Antiquité, un vin très épais ; pour le boire, il fallait y mélanger environ deux tiers d'eau, ou moins selon le goût et le degré d'ivresse que l'on voulait obtenir.

Le soleil
se levait sur
la splendide
lagune...

À PYLOS ET À SPARTE

2

LE soleil se levait sur la splendide lagune[1] quand ils aperçurent Pylos. Sur la plage, les Pyliens, par milliers, offraient une hécatombe[2] de taureaux noirs à Poséidon, le dieu qui fait trembler la terre. Aussitôt débarqués, Athéna, sous l'apparence de Mentor, et Télémaque se dirigèrent vers Nestor et ses fils. Déjà, de toutes parts, on venait à leur rencontre en leur tendant la main, pour les inviter à prendre place. Quand ils eurent prié Poséidon et mangé,

1. Lagune, *n. f.* : lac d'eau salée, de peu de profondeur, souvent séparé de la mer libre par un « cordon littoral », une bande de terre ou de sable.

2. Hécatombe, *n. f.* : au sens propre, c'est un sacrifice de cent bœufs ; au sens dérivé, un sacrifice important, où l'on immole beaucoup d'animaux, sans aller nécessairement jusqu'à cent.

Télémaque interrogea Nestor qui répondit :

« Combien tu me rappelles de misères ! Là-bas sont enterrés Ajax, Achille, Patrocle, et mon fils Antiloque !... Quand nous eûmes pillé la ville de Priam, la Vierge aux yeux brillants, Athéna, mit la discorde entre les deux Atrides. Nous avons quitté le rivage de Troie séparément, et, bientôt, je n'ai plus rien su de ton père...

Combien tu me rappelles de misères !

« L'Atride Agamemnon, si loin que vous viviez du monde, vous savez qu'il rentra, mais qu'à son arrivée il fut assassiné par Égisthe, qui durant son absence avait séduit sa femme, Clytemnestre, et usurpé[1] la royauté. Ménélas, chassé par la tempête jusque dans les mers lointaines d'Égypte, errait avec ses navires chez ces gens d'une autre langue, pour amasser des vivres et de l'or. Égisthe soumit le peuple et régna sept ans sur tout l'or

1. Usurper la royauté : s'approprier la royauté sans droit, par la violence ou la fraude.

de Mycènes. Mais, la huitième année, survint le divin Oreste, fils d'Agamemnon, qui, pour venger son père, les tua tous les deux, Égisthe, et sa propre mère…

« C'est tandis qu'il offrait aux Argiens le repas funèbre[1], après le meurtre, que revint ce bon crieur de Ménélas, rapportant des cargaisons, autant que ses bateaux pouvaient en contenir. Va le voir, c'est lui le dernier rentré, et prie-le de te parler franc. »

Le soleil se couchait. Athéna suggéra que, dès le lendemain, Nestor prête un char et des chevaux à Télémaque, pour aller à Sparte, chez Ménélas, puis elle s'envola, semblable à une orfraie[2]. La stupeur saisit tous les Achéens ; le vieillard, étonné, prit la main de Télémaque et le salua :

« Mon ami, tu n'es pas parti pour être sans

1. Repas funèbre : dans les civilisations traditionnelles (et parfois jusqu'à nos jours dans les campagnes françaises), les funérailles s'accompagnaient d'un banquet.

2. Orfraie, *n. f.* : grand oiseau de proie, le pygargue.

noblesse ni sans force, si, dès ta jeunesse, les dieux t'accompagnent !... Déesse, sois-nous propice, je te sacrifierai une génisse[1] aux cornes plaquées d'or. »

Ils rentrèrent au palais, et chacun s'en alla dormir... Quand parut l'Aurore aux doigts de rose, Nestor assembla ses fils et accomplit le sacrifice promis. Puis, quand on eut satisfait la soif et l'appétit, il fit préparer un char et confia à Pisistrate, le plus jeune, la mission d'accompagner Télémaque et de mener l'attelage. Ils avaient des chevaux rapides et, le lendemain, au coucher du soleil, ils entraient dans Lacédémone, au creux de sa vallée.

Ménélas fêtait, en nombreuse compagnie, le double mariage de son fils et de sa fille. On fit entrer les voyageurs. Ils admiraient le palais : quelle splendeur ! Tout brillait comme le soleil et la lune. Entendant Télémaque s'émerveiller, Ménélas leur dit :

1. Génisse, *n. f.* : jeune vache qui n'a pas encore eu de veau.

« Chers enfants, j'ai tant souffert pour avoir tout cela que je n'en ai plus de joie : j'aimerais mieux n'avoir que le tiers de ces richesses, et que les héros tombés devant Troie soient encore en vie ! Je pleure parfois sur eux tous... Et il y en a un, surtout, dont le souvenir m'obsède : personne n'était l'égal d'Ulysse ! Quel chagrin d'ignorer s'il est vivant ou mort !... et de penser qu'ils pleurent aussi sur lui, le vieux Laërte, la sage Pénélope et Télémaque, qu'il a laissé tout nouveau-né dans sa maison ! »

Télémaque, au seul nom d'Ulysse, sentit monter en lui le désir des sanglots. Ses larmes jaillirent, il se cacha le visage à deux mains dans son manteau de pourpre[1]. Alors Hélène et Ménélas le reconnurent, et Pisistrate prit la parole : en effet, c'était bien là le fils

1. Pourpre, *n. f.* : 1 - Matière colorante d'un rouge foncé, employée pour teindre les étoffes. 2 - Étoffe teinte de cette couleur ; très chère, elle n'était accessible qu'aux riches et aux princes. 3 - Au figuré, le mot désigne encore la dignité d'empereur, de roi ou de cardinal.

Ils évoquèrent les exploits d'Ulysse.

d'Ulysse ! Tous éclatèrent en sanglots, et le fils de Nestor avec eux, car il se souvenait de son frère, Antiloque.

Mais Hélène avait rapporté d'Égypte toutes sortes de drogues[1] : vivement, elle en versa dans leur vin, et leurs cœurs s'apaisèrent. Ils évoquèrent les exploits d'Ulysse... et Télémaque proposa tristement d'aller goûter la douceur du sommeil.

Dès le matin, Télémaque pria Ménélas de lui dire tout ce qu'il savait d'Ulysse. Immobilisé, faute de vent, dans l'île de Pharos, à un jour de navigation de l'Égypte, Ménélas avait interrogé Protée, le Vieux Prophète de la mer. Avec trois de ses compagnons, ils l'avaient saisi par surprise et, tenant ferme, ils ne l'avaient plus lâché, malgré ses effrayantes métamorphoses[2]. Le dieu marin, à la fin,

---

1. Drogue, *n. f.* : ici, préparation magique.

2. Métamorphose, *n. f.* : transformation ; les deux mots sont formés de la même façon : « métamorphose » est d'origine grecque, « transformation » d'origine latine.

avait repris sa forme et accepté de répondre :

« Zeus te retient ici, car tu n'as pas offert l'hécatombe que tu devais. Il faut retourner en Égypte et accomplir ce sacrifice ! »

Ménélas l'avait ensuite interrogé au sujet des autres rois achéens :

« Fils d'Atrée, pourquoi m'interroger ? Tu vas pleurer quand tu sauras… Ajax est mort, précipité dans la mer par Poséidon, pour avoir orgueilleusement défié les dieux. Ton frère, Agamemnon, foulait avec joie le sol de sa patrie, quand Égisthe, l'ayant traîtreusement invité, l'assassina… »

À ces mots, le cœur de Ménélas avait éclaté : il pleurait, assis dans le sable. Mais Protée le rabroua :

« Pleurer ne sert à rien ! Rentre vite, tu atteindras Égisthe encore vivant, ou, si Oreste l'a déjà tué, tu seras là pour les funérailles… Enfin, j'ai vu Ulysse prisonnier dans une île, chez la nymphe Calypso : il ne peut pas rentrer au pays de ses pères. »

Télémaque, ainsi renseigné, exprima le désir de ne pas s'attarder à Sparte, car ses compagnons l'attendaient à Pylos, et il voulait regagner Ithaque. Ménélas, en souriant, lui promit de splendides présents d'hospitalité.

Dans le palais d'Ulysse, les prétendants lançaient le disque et le javelot dans la cour. Survint Noémon, qui demanda :

« Antinoos, sait-on quand Télémaque reviendra de la Pylos-des-Sables ? Il a pris mon bateau et j'en aurais besoin… »

Ils étaient stupéfaits : ils croyaient Télémaque aux champs, près des troupeaux ou chez le porcher. Antinoos interrogea Noémon :

Quand est-ce qu'il est parti ? Avec quel équipage ?

« Quand est-ce qu'il est parti ? Avec quel équipage ?… recruté à Ithaque ? et tu lui as prêté ton bateau de bon gré ?…

– Comment lui refuser ? Ses compagnons sont les meilleurs de ce peuple, après nous. C'était Mentor qui commandait… Mais je n'y comprends rien : ce matin, j'ai vu Mentor en ville, et, l'autre jour, il s'est embarqué pour Pylos ! »

Quand Noémon fut rentré chez lui, Antinoos éclata :

« L'enfant est parti ! Malgré nous, qui avions dit non ! Il va commencer à nous donner du mal !... Un bateau et vingt hommes ! Que j'aille le guetter dans le détroit entre Ithaque et Samé la rocheuse : je vais lui apprendre à naviguer pour son père !... »

Or le héraut[1] Médon qui avait tout entendu courut avertir Pénélope. Genoux et cœur brisés, elle éclata en lamentations, mais un songe vint la rassurer : son fils avait pour guide Pallas Athéna !

---

1. Héraut, *n. m.* : crieur public, mais aussi, plus largement, une sorte d'aide de camp.

*Zeus
envoya
Hermès
porter
un décret
à la nymphe
aux belles
boucles...*

CALYPSO 3

L'Aurore se levait pour porter la lumière aux Éternels et aux mortels. Dans l'assemblée des dieux, autour de Zeus-tonnant-au-plus-haut-des-cieux, Athéna plaignait Ulysse, retenu de force par la nymphe Calypso dans son île. Et on voulait tuer son fils qui revenait de Pylos et de Sparte !…

Zeus alors envoya le dieu Hermès porter un décret à la nymphe aux belles boucles : Ulysse devait rentrer dans sa patrie.

Le Messager, prenant ses sandales divines et sa baguette d'or, se précipita du haut du ciel sur la mer et s'élança au-dessus des flots, semblable au goéland qui pêche dans les creux terribles de la mer inféconde[1] et trempe ses fortes ailes dans l'écume salée.

---

1. Inféconde, *adj.* : qui ne porte pas de récoltes ; dans l'épopée, appliqué à la mer, par opposition à la terre.

Au bout du monde, il quitta la mer violette pour gagner la grande caverne où habitait la nymphe aux belles boucles. Un feu de cèdre et de thuya y flambait, embaumant l'île. Dehors, de grands arbres, peupliers, cyprès odorants où nichaient des oiseaux, une vigne et des sources claires… Ulysse n'était pas là : comme tous les jours, assis sur la côte, il pleurait en regardant la mer. Calypso fit asseoir Hermès dans un fauteuil magnifique :

« Qu'est-ce qui t'amène ? Sois le bienvenu, on ne te voit pas souvent par ici… Dis-moi ce que tu veux, je le ferai, dans la mesure du possible. »

En parlant, elle lui servait l'ambroisie[1] et le rouge nectar[2].

« C'est Zeus qui m'envoie. Qui serait volontaire pour courir cette immensité d'eau salée ? Et pas une ville en chemin où l'on offre des

1. Ambroisie, *n. f.* : nourriture des dieux ; elle leur procure l'immortalité.

2. Nectar, *n. m.* : boisson des dieux.

sacrifices !… Mais Zeus décide. Il dit qu'il y a un homme chez toi : le plus malheureux de tous ceux qui se sont battus pour la cité de Priam. Il t'ordonne de le renvoyer chez lui au plus vite, car son destin n'est pas de mourir ici. »

Calypso, la divine, frissonna :

« Dieux, vous êtes cruels et jaloux encore plus que les autres ! Vous enragez toujours qu'une déesse dorme sans se cacher avec un homme, en faisant de lui son époux. Et maintenant, vous enragez qu'il y ait un mortel auprès de moi ! Pourtant c'est moi qui l'ai sauvé, quand Zeus, avec sa foudre, avait brisé son bateau sur la mer couleur de vin. Tous ses compagnons étaient morts, mais lui, les vagues et le vent l'ont poussé jusqu'ici. Lui, je l'ai aimé et je l'ai nourri, et je lui ai promis de le rendre immortel et jeune pour toujours… Mais pas moyen, même pour un autre dieu, d'échapper à la volonté de Zeus-qui-secoue-la-tempête ! Qu'il parte, puisque Zeus

Dieux, vous êtes cruels et jaloux encore plus que les autres !

l'ordonne ! Moi, en tout cas, je n'ai pas de quoi le renvoyer : ni bateau, ni compagnons, pour l'emmener sur le dos de la mer, je peux seulement le conseiller et lui dévoiler comment rentrer sain et sauf dans sa patrie.

Prends garde à la colère de Zeus.

– L'essentiel est que tu le laisses partir… Prends garde à la colère de Zeus. Qu'il n'ait pas contre toi de rancune[1]… »

Et le puissant dieu disparut. La nymphe alla trouver Ulysse au grand cœur. Assis sur la côte escarpée, il perdait sa vie à pleurer, désirant le retour, car la nymphe ne lui plaisait plus. Malgré lui, il passait les nuits avec elle, mais les jours, en larmes, sur les rochers, scrutant la mer. S'approchant, elle lui dit :

« Mon pauvre, ne te lamente plus, je vais te laisser partir. Fabrique-toi un radeau. Moi, je te fournirai vivres et vêtements et te ferai souffler un vent arrière qui te ramènera chez toi, à la grâce des dieux… »

---

1. Rancune, *n. f.* : mécontentement que l'on garde à l'égard de quelqu'un qui a joué un mauvais tour.

Elle dit. Et le très endurant Ulysse frissonna :

« C'est autre chose que tu as en tête, déesse, pas mon retour, en voulant me faire traverser sur un radeau le grand gouffre de la mer ! Non, je ne m'y embarquerai pas si tu ne me jures pas le grand serment des dieux que tu ne médites pas un mauvais coup contre moi. »

Calypso sourit et lui dit avec une caresse :

« Tu n'es pas bête, mais, vraiment, tu es injuste ! car je n'ai pas le cœur perfide, tu le sais… Que la Terre, le large Ciel et le courant du Styx en soient témoins : je jure que je ne médite pas un mauvais coup contre toi ! »

Et la déesse et le mortel entrèrent dans la caverne profonde. La nymphe y servit à Ulysse les nourritures des mortels, tandis qu'on lui servait, à elle, l'ambroisie et le nectar. Le repas fini :

« Divin fils de Laërte, Ulysse plein de ruse, tu veux donc t'en aller ?… Adieu, alors… mais quel dommage !… Et si tu savais ce que le destin te réserve encore, tu resterais avec moi, malgré ton envie de revoir l'épouse que tu regrettes toujours... Pourtant, je ne suis pas moins belle ! Et les mortelles ne peuvent pas rivaliser, de corps ni d'allure, avec les immortelles !

– Vénérable déesse, ne te fâche pas ! Moi aussi je sais bien tout cela. Auprès de toi, la sage Pénélope paraîtrait médiocre, d'allure et de taille ; elle est mortelle et toi tu es immortelle et jeune pour toujours. Mais, malgré tout, mon seul désir est de rentrer chez moi et de voir le jour du retour. S'il faut que je souffre pour cela, tant pis : j'ai le cœur endurant ! »

Le soleil baissait, et tous deux gagnèrent le fond de la caverne creuse pour s'y coucher ensemble.

Le lendemain, dès que parut l'Aurore aux doigts de rose, Ulysse entreprit la construction de son radeau ; et le cinquième jour, quand la divine Calypso l'eut baigné et vêtu d'habits parfumés, qu'elle lui eut donné pour la route des vivres et des douceurs, tout joyeux, il hissa les voiles. Dix-sept jours, suivant les conseils de Calypso, il navigua en gardant la Grande Ourse à main gauche, et le dix-huitième apparurent les montagnes de la Phéacie. Mais c'est alors que le puissant Poséidon-qui-fait-trembler-la-terre l'aperçut. Furieux que les dieux aient changé d'avis en son absence, il prit son trident, rassembla les nuages et démonta la mer. Ulysse était perdu, sans Ino, une déesse marine, qui eut pitié de lui :

Tout joyeux, il hissa les voiles.

« Mon pauvre, pourquoi Poséidon te poursuit-il ainsi de sa haine ?... Abandonne ton radeau et jette-toi à la nage. Prends ce voile, attache-le autour de ta poitrine : avec lui tu ne crains ni la souffrance ni la mort. Mais dès que tu toucheras terre, rejette-le au loin dans la mer couleur de vin ! »

Bientôt la tempête brisa le radeau et Ulysse, d'abord hésitant, dut se jeter à l'eau. Deux jours et deux nuits, il dériva, et souvent crut voir la mort. À l'aube du troisième jour, le vent tomba, la terre était proche. Mais en nageant vers la côte, il entendit le ressac des lames qui se brisaient sur les

Il rassembla les nuages et démonta la mer...

écueils : pas moyen d'aborder ! Il finit pourtant par découvrir l'embouchure d'un fleuve dont il pria le dieu dans son âme. Le dieu du fleuve l'exauça et le fit aborder sur la grève. Rompu de fatigue, Ulysse s'écroula. Quand il reprit haleine, il jeta dans la mer le voile de la déesse. Dans un dernier effort, il monta jusqu'au bois qui dominait le fleuve et se glissa sous les branches drues d'un olivier double. À pleines mains, il s'entassa un lit de feuilles sèches et s'en couvrit comme on cache un tison, le soir, dans la cendre. Et Athéna versa le sommeil sur ses yeux pour dissiper au plus tôt l'épuisement et la fatigue.

Nausikaa
menait
le chœur...

L'ARRIVÉE D'ULYSSE CHEZ LES PHÉACIENS

4

Or, tandis qu'Ulysse dormait, Athéna s'en fut chez Nausikaa, fille du fier Alkinoos, roi des Phéaciens. Comme un souffle de vent, elle s'approcha de son lit, sous les traits d'une amie :

« Nausikaa, comme ta mère t'a faite sans souci ! Des vêtements magnifiques sont là, en tas, sans que tu t'en occupes ! Pourtant, ton mariage est proche : il faudra être belle et que se fassent beaux, aussi, ceux du cortège ! C'est ce qui fait la bonne renommée, et réjouit un père et une mère. Allons laver tout cela, je viendrai t'aider ! Sans attendre l'aube, demande à ton père de te faire préparer un chariot et des mules, car les lavoirs sont loin de la ville. »

À ces mots, Athéna aux yeux brillants disparut, et l'Aurore, trônant sur le monde, éveilla Nausikaa : tout étonnée du rêve, elle traversa la maison pour le raconter à ses parents. Elle trouva son père près des portes : il allait au conseil, rejoindre les nobles Phéaciens :

Et l'Aurore, trônant sur le monde, éveilla Nausikaa.

« Papa chéri, ne veux-tu pas me faire préparer un chariot, pour que j'aille laver au fleuve ? À toi-même, il te faut des vêtements propres pour le conseil, et tes fils veulent toujours du linge frais pour aller danser : je dois m'occuper de tout ça ! »

Elle aurait eu honte de parler de son mariage à son père, mais il avait compris et fit tout préparer. Nausikaa conduisait le chariot, mais elle ne partait pas seule : ses suivantes allaient avec elle. Arrivées au fleuve, elles dételèrent les mules et les mirent à paître au long des cascades. Elles foulèrent le linge à qui mieux mieux dans les trous d'eau sombre, le lavant, le rinçant et l'étalant ensuite sur la plage. Puis elles se baignèrent, se lavèrent, se frottèrent d'huile fine et prirent le repas sur les berges du fleuve, tandis que le linge séchait au soleil. Après le pique-nique, elles jouèrent à la balle, en posant leurs fichus[1]. Nausikaa menait le chœur[2]. Quand Artémis, avec son arc, court les montagnes au milieu des biches et des sangliers, et quand les nymphes jouent avec elle à travers les champs, elle les dépasse de la tête : de même, parmi ses suivantes, se distinguait la jeune vierge.

Quand l'heure approcha de rentrer après avoir plié les beaux vêtements, Athéna, la déesse aux yeux brillants, voulut le réveil d'Ulysse. La princesse lança la balle de travers et celle-ci tomba au profond d'une cascade. Aussitôt, les hauts cris !… Ulysse s'éveilla :

1. Fichu, *n. m.* : châle.

2. Chœur, *n. m.* : troupe de personnes, ici des jeunes filles, qui dansent et chantent ensemble.

« Hélas, chez qui suis-je arrivé ? Des sauvages ou des gens accueillants ?... Des cris de jeunes filles ?... Tâchons de voir... »

Et le divin Ulysse sortit des buissons. Il cassa un rameau feuillu pour cacher sa virilité et s'avança, comme un lion des montagnes, sûr de sa force, qui va, qu'il pleuve ou qu'il vente, se jeter sur les bœufs ou les moutons : c'est le ventre qui commande. De même, Ulysse allait se mêler aux jeunes filles bouclées, tout nu qu'il était : le besoin le poussait. Elles s'enfuirent ; seule resta la fille d'Alkinoos : Athéna lui donnait de l'audace. Ulysse parla doucement et avec astuce, de loin :

« Je te supplie à genoux, princesse. Si tu es une déesse, tu dois être Artémis, la fille du grand Zeus. Si tu es mortelle, trois fois heureux ton père et ta mère : quelle joie pour eux de te voir danser ! Mais plus heureux encore celui qui sera ton époux ! D'aussi beau que toi, je n'ai vu qu'un jeune palmier, autrefois, dans l'île de Délos : il montait tout droit vers le ciel… Mais je tremble, lourd est mon chagrin. Après vingt jours, je viens d'échapper à la mer. Aie pitié, princesse ! Tu es la première que je rencontre, après tant de malheurs !… Je ne connais que toi, ici. Indique-moi la cité, donne-moi un chiffon pour me couvrir, un sac… et que les dieux comblent tes désirs ! »

Nausikaa aux bras blancs lui répondit :

« Étranger – puisque tu n'as l'air ni sans noblesse ni sans esprit… –, c'est Zeus lui-même, l'Olympien, qui répartit la fortune aux gens de bien et aux gens de rien : ce qu'il t'a donné, tu dois l'endurer. Mais maintenant que te voilà chez nous, rien ne te manquera de ce qu'on doit aux suppliants[1]. Ce sont les Phéaciens qui tiennent cette ville et cette terre, et moi, je suis la fille du fier Alkinoos, celui des Phéaciens qui détient le pouvoir et la force. »

Et, se tournant vers ses suivantes bouclées :

« Les filles, revenez ! Jusqu'où vous sauvez-

---

1. Suppliant, *adj. ou n.* : venir en suppliant demander quelque chose à quelqu'un, c'est se placer sous la protection des dieux, en particulier de Zeus Suppliant, qui punit les refus. Le suppliant prend les genoux de celui qu'il supplie (pour l'empêcher de s'en aller) et il lui prend la barbe ou lui touche le menton, pour l'obliger à le regarder ; c'est ce qui explique le geste de refus qui se pratique, de nos jours encore, en Grèce et en Turquie : on relève la tête en fermant les yeux, avec un léger claquement de langue ; inutile d'insister : on ne veut même pas baisser les yeux vers vous. À l'époque classique, le suppliant s'assoit sur l'autel des sacrifices, dans un sanctuaire. En principe, il jouit alors d'un droit d'asile inviolable et sacré.

vous, pour avoir vu un homme ?... L'avez-vous pris pour un ennemi ? Nous n'en avons pas, tant les dieux nous aiment ! Et nous vivons à l'écart, dans les houles du grand large, bien loin des autres hommes. Ce n'est qu'un pauvre naufragé ! Étrangers, mendiants, c'est Zeus qui les envoie : donnez-lui une tunique et baignez-le dans le fleuve, à l'abri du vent. »

Ce n'est qu'un pauvre naufragé !

Elles obéirent, en plaçant près de lui une tunique et une fiole d'or contenant l'huile fine, mais Ulysse leur dit :

« Restez là, un peu loin : je me laverai tout seul et me frotterai d'huile moi-même, car j'ai honte d'être nu parmi des jeunes filles. »

Quand il eut enfilé des vêtements, et, tandis qu'il mangeait avec avidité – cela faisait si longtemps ! –, on chargea le linge, on attela les mules, Nausikaa monta sur le chariot :

« Lève-toi, notre hôte, que je t'emmène chez mon père. Tu vas voir, quelle ville de marins, avec ses ports et ses chantiers !

Mais tu attendras un peu dans le bois sacré[1] d'Athéna. Quand tu nous penseras arrivées, entre en ville et demande la maison du fier Alkinoos : n'importe quel gamin te conduira. Traverse alors la grand-salle et va tout droit trouver ma mère : elle file[2] sa quenouille[3], assise au bord du foyer. Le fauteuil de mon père est tourné vers la clarté du feu : il y boit son vin, tranquille comme un dieu ; passe sans t'arrêter : va entourer de tes bras les genoux de ma mère, afin de voir la journée du retour. »

Elle donna du fouet, mais juste ce qu'il fallait, pour que les autres puissent suivre à pied.

---

1. Bois sacré : lieu destiné au culte d'une divinité, ici Athéna.

2. Filer, *v. tr.* : faire un fil en tordant ensemble des brins de laine préalablement cardée, entassée en filasse autour d'une quenouille (voir la note suivante).

3. Quenouille, *n. f.* : instrument du filage, baguette de bois ou de roseau, que l'on garnit de filasse, c'est-à-dire des brins de laine emmêlés, à partir desquels on fabrique un fil.

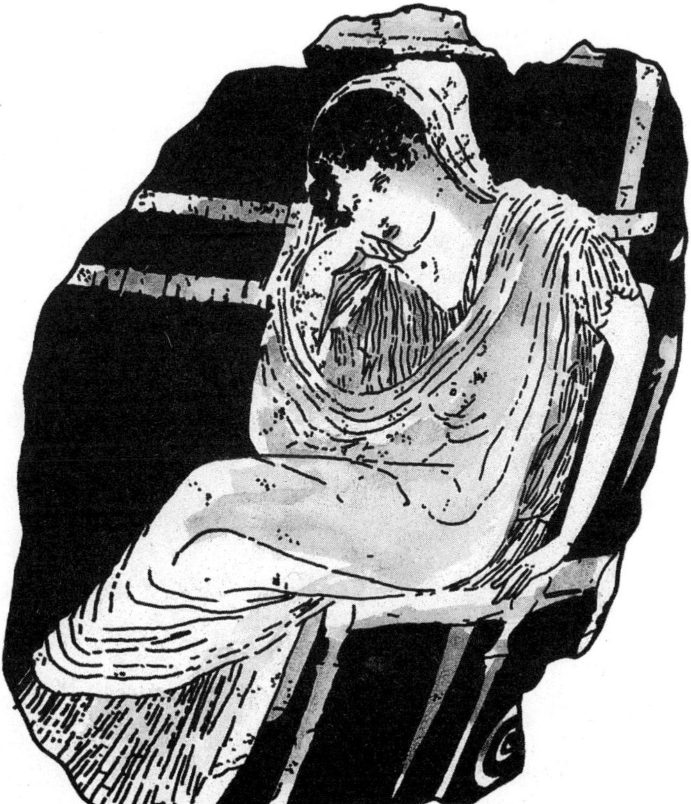

La déesse vint même à sa rencontre sous les traits d'une petite fille.

ENTRÉE CHEZ ALKINOOS 5

LE soleil se couchait quand ils arrivèrent au bois sacré d'Athéna. Le divin Ulysse s'y arrêta et implora la fille de Zeus :

« Indomptable, écoute-moi maintenant, puisque tu ne m'as pas écouté quand m'a brisé Celui-qui-fait-trembler-la-terre ! Donne-moi d'être reçu en ami chez les Phéaciens. »

Telle était sa prière. Pallas Athéna l'exauça. Et, tandis que la princesse rentrait et soupait dans sa chambre, servie par sa nourrice, Ulysse repartit. La déesse le protégeait en le couvrant d'un nuage. Elle vint même à sa rencontre sous les traits d'une petite fille, et Ulysse lui demanda son chemin. Elle répondit :

« Étranger, mon père, je vais te guider,

mais suis-moi en silence. Ne dévisage pas ces gens et ne leur pose pas de questions. Ils n'aiment pas beaucoup les étrangers. Ils préfèrent passer eux-mêmes le grand gouffre sur leurs bateaux rapides comme une aile ou une idée. »

Et, devant le palais magnifique du roi, la déesse reprit :

« C'est ici, étranger, mon père ! Tu vas y trouver à table des rois nourris par Zeus. Entre, n'aie pas peur. Va d'abord trouver la maîtresse. Elle s'appelle Arètè. Si elle est bienveillante envers toi, tu peux espérer revoir ceux que tu aimes et rentrer dans ta haute maison, dans ta patrie. »

Athéna disparut sur la mer inféconde : elle s'en alla vers Marathon et Athènes aux larges rues.

Ulysse, un instant, s'arrêta sur le seuil de bronze : quelle splendeur ! Tout brillait comme le soleil et la lune. De l'entrée jusqu'au fond, c'étaient des murs de bronze ornés tout au long d'émail bleu. Les portes étaient d'or, dans des chambranles d'argent, gardées par des chiens d'argent et d'or, œuvre d'Héphaïstos. Contre les murs s'alignaient des fauteuils garnis de voiles fins, ouvrage des femmes. Les chefs des Phéaciens y siégeaient.

Derrière s'étendaient une cour, où travaillaient les servantes, un verger plein de poiriers, grenadiers, pommiers, oliviers et figuiers, portant leurs fruits toute l'année, une vigne toujours chargée de grappes, et puis un potager. Deux sources alimentaient jardin, cour et maison, et les gens de la ville venaient y puiser. Tels étaient, chez Alkinoos, les présents splendides des dieux.

Quand il eut fini d'admirer, Ulysse l'Endurant entra et alla droit vers Arètè. Au moment où il prenait ses genoux pour la supplier, le nuage qui le protégeait se dissipa, et tous furent saisis de stupeur en le voyant. Ulysse lui faisait cette prière :

« Femme du fier Alkinoos, je viens supplier ton époux, je viens à tes genoux, après bien des peines, je viens à vous tous. Que les dieux vous bénissent et que, plus tard, chacun de vous laisse ses biens à ses enfants ! Mais assurez mon retour dans ma patrie, car, depuis si longtemps, je souffre loin de ceux que j'aime !… »

Il s'assit dans la cendre, au bord du foyer. Après un long silence, Alkinoos, prenant sa main, fit asseoir dans un fauteuil Ulysse à l'esprit retors[1]. Il fit mettre une table devant lui, afin qu'il boive et mange, et il déclara :

« Demain dans ce palais, nous fêterons notre hôte, nous ferons de beaux sacrifices aux dieux et puis nous pourvoirons à son retour, d'aussi loin qu'il puisse être, jusqu'au rivage de sa patrie. Là, nous le laisserons à sa destinée. Mais si c'est un des Éternels venu

1. Retors, *adj.* : subtil, rusé ; un esprit retors : qui a « plus d'un tour dans son sac ».

« D'aussi loin qu'il puisse être, nous pourvoirons à son retour. »

du ciel, alors, les dieux doivent avoir un autre dessein pour la suite… »

Ulysse l'Avisé répondit :

« Alkinoos, n'aie pas cette pensée, je ne ressemble pas aux dieux du ciel, ni par la stature[1] ni par la prestance[2] ; je suis un mortel, un des plus malheureux ! Si je vous disais tout ce que j'ai souffert !… Mais vous, dès l'Aurore, pauvre de moi, faites-moi passer dans ma patrie ! Que je souffre encore, que j'y laisse la vie, mais que je la revoie !… »

Tous approuvèrent. On fit les dernières libations[3] et chacun rentra chez soi. Il ne restait, dans la salle, avec Ulysse, qu'Alkinoos et Arètè. Les servantes débarrassaient. Arètè aux bras blancs prit la parole, car elle avait reconnu les vêtements qu'elle avait tissés :

---

1. Stature, *n. f.* : taille, constitution générale d'une personne.

2. Prestance, *n. f.* : allure majestueuse et belle ; avoir de la prestance : avoir fière allure.

3. Libation, *n. f.* : offrande aux dieux des premières gouttes d'une coupe de vin : on les versait à terre en prononçant une prière.

« Notre hôte, moi-même, j'ai d'abord quelques questions à te poser : qui es-tu ? de quel peuple ? Qui t'a donné ces vêtements ? N'as-tu pas dit que tu réchappais d'un naufrage ?…

– Reine, j'aurais du mal à te raconter à la file tous mes malheurs, les dieux m'en ont donné beaucoup… Il y a, dans la mer lointaine, une île habitée par une puissante déesse, redoutable et rusée, Calypso aux belles boucles. Zeus, de sa foudre éclatante, avait brisé mon navire, au milieu de la mer couleur de vin. Tous mes compagnons avaient péri. Moi, j'ai dérivé neuf jours, agrippé à une épave, et, la dixième nuit, j'ai abordé chez Calypso. Elle m'a recueilli, elle a pris soin de moi, m'a promis de me rendre immortel et jeune pour toujours, mais elle n'a jamais persuadé mon cœur. J'y suis resté sept ans, à tremper ma tunique de mes larmes ! À la fin, elle m'a poussé à partir, sur un radeau, un long voyage !… Quelle joie dans mon cœur, quand j'ai aperçu votre

Qui es-tu ? de quel peuple ?

terre !... Mais Poséidon souleva contre moi une tempête d'enfer, qui brisa mon radeau. J'ai failli périr déchiré par les lames sur les rochers. Pourtant, j'ai réussi à entrer à la nage dans l'embouchure d'un fleuve. Épuisé, j'ai dormi toute la nuit dans un taillis, et jusqu'au déclin du jour... C'est alors que j'ai aperçu ta fille et ses suivantes qui jouaient sur la plage. Elle, au milieu, elle ressemblait aux déesses. Je l'ai suppliée. En tout, elle a fait preuve d'une noblesse qu'on ne trouverait pas chez n'importe quel jeune ; car les jeunes ont toujours la tête folle. Elle m'a fait donner du pain en abondance, du vin rouge feu, de quoi me laver dans le fleuve, et ces vêtements. Voilà la vérité. »

Alors Alkinoos reprit :

« Notre hôte, mon enfant aurait mieux fait de t'amener chez nous avec ses suivantes, puisque tu l'avais suppliée la première.

– Ne blâme pas à cause de moi cette fille irréprochable : elle me l'avait offert, c'est moi qui n'ai pas voulu, craignant que tu ne te mettes en colère ; car nous sommes jaloux, dans la race des hommes !...

– Non ! Je n'ai pas de si sottes colères dans le cœur, j'aime mieux en tout la mesure. Étant ce que tu es, pensant juste les mêmes choses que moi, plaise aux dieux que tu épouses mon enfant et que tu sois mon gendre, en restant ici ! Je te donnerais une maison et un domaine... À condition que tu le veuilles... car aucun des Phéaciens ne te retiendra malgré toi, Zeus nous en garde ! Je fixe tout de suite ton départ, que tu le saches : demain ! »

Ulysse l'Endurant se réjouit et se mit à prier :

« Zeus père, que tout s'accomplisse comme l'a dit Alkinoos ! que son renom sur la terre féconde ne s'éteigne pas et que je regagne, moi, le pays de mes pères ! »

« Je vous prends tous à tous les jeux ! »

ULYSSE 6
RÉVÈLE SON NOM ET ENTAME SON RÉCIT

DÈS que parut l'Aurore aux doigts de rose, Sa Majesté Sacrée Alkinoos se leva vivement, ainsi que le divin preneur de villes, Ulysse. Ayant réuni l'assemblée à l'agora[1], Alkinoos annonça la levée d'un équipage dans le peuple pour reconduire chez lui l'hôte qui demandait passage.

« Lançons un vaisseau noir pour son premier voyage dans la mer sainte et, quand tout sera prêt, venez chez moi au festin, il faut fêter notre hôte ! Et qu'on aille chercher

1. Agora, *n. f.* : l'assemblée des guerriers ou des nobles qui doivent prendre une décision collective ; plus généralement, le mot désigne le marché et la place sur laquelle il se tient (ce que les Latins appellent *forum*).

l'aède[1], Démodocos l'aveugle, à qui la déesse a offert le don de nous charmer... »

Quelque temps plus tard, chez Alkinoos, tout s'emplit, les portiques, les cours et les appartements des hommes. On sacrifia douze brebis, huit cochons aux dents blanches et deux bœufs à la démarche torse. Quand on eut satisfait la soif et l'appétit, l'aède se leva et se mit à chanter la dispute d'Ulysse et d'Achille, au cours du voyage vers Troie, dans l'île de Lemnos, à propos de la vertu première d'un héros : pour l'un, c'était la réflexion, pour l'autre, la bravoure !... En écoutant l'aède, Ulysse avait saisi son écharpe de pourpre et il voilait son visage pour cacher qu'il pleurait. Seul, Alkinoos s'en aperçut et il interrompit l'aède, proposant qu'on se mette aux jeux. Course, lutte à main plate, saut, disque, boxe,

1. Aède, *n. m.* : « chanteur ». Il s'agit d'un poète et d'un interprète. Il récite de mémoire – et il improvise –, en s'accompagnant à la cithare (voir la note page 65), des poèmes racontant les aventures légendaires des anciens héros.

les épreuves se succédèrent, jusqu'à ce qu'un fils d'Alkinoos proposât à Ulysse de prendre part à la compétition. Comme celui-ci refusait, un jeune homme, Euryale, intervint :

« C'est que tu ne connais rien aux nobles sports ! Si tu as navigué, ce doit être comme intendant sur un bateau marchand ! »

Le subtil Ulysse le regarda de travers et lui dit :

Belle tête, mais creuse !

« Tu m'as l'air bien prétentieux ! Belle tête, mais creuse !... »

Et il s'avança, saisit un disque et le lança plus loin que les autres... et puis, un deuxième !...

« Je vous prends tous à tous les jeux : j'y tiendrai ma place !... surtout à l'arc et au javelot ! Mais pas à la course, car la mer a usé mes jambes. »

Tous se taisaient... Alkinoos prit la parole :

« Mon hôte, je comprends que tu veuilles montrer ta valeur, on t'a offensé par des paroles qu'un sage n'aurait pas prononcées. Mais apaise-toi et regarde nos danses ! »

Et Ulysse admira l'adresse et l'élégance des jeunes Phéaciens. Enfin, Alkinoos fit apporter par tous des présents d'hospitalité[1] pour Ulysse. Euryale, en réparation, lui offrit une épée de bronze au fourreau d'ivoire, et l'on retourna au festin. Auparavant, Alkinoos offrit à Ulysse ses propres cadeaux et lui fit apprêter un bain chaud. Il n'avait pas joui de ce luxe depuis qu'il avait quitté Calypso… Quand les servantes l'eurent lavé, frotté d'huile, vêtu d'un manteau et d'une tunique, sortant du bain, il alla rejoindre les hommes buveurs de vin. Nausikaa, qui avait reçu des

1. Hospitalité, *n. f.* : trait de caractère ou attitude sociale et religieuse, qui font que l'on se montre accueillant envers les étrangers. Dans la Grèce antique, comme, en général, dans beaucoup de civilisations traditionnelles, un voyageur de passage était accueilli avec sympathie et curiosité. Il pouvait s'établir des relations régulières d'hospitalité réciproque entre familles de cités différentes, parfois sur plusieurs générations. Pour disposer d'un signe de reconnaissance, on cassait alors un anneau ou un morceau de poterie, qui pouvaient être ultérieurement transmis aux enfants. Le réajustement des deux parties prouvait que les porteurs de chacune d'entre elles étaient liés par une relation d'hospitalité. La tradition orale et les récits familiaux pouvaient dispenser de cette formalité.

dieux la beauté, apparut près du solide pilier du toit. Elle regardait Ulysse dans les yeux avec admiration et lui dit ces paroles ailées :

« Adieu, étranger, quand tu seras dans ta patrie, souviens-toi de moi, car c'est à moi, la première, que tu dois le prix de ta vie. »

Le subtil Ulysse lui dit en réponse :

« Fasse Zeus, l'époux retentissant d'Héra, que j'arrive chez moi et que je voie la journée du retour : de là-bas, je t'adresserai des prières, comme à un dieu, toujours et à jamais ; car c'est toi qui m'as donné la vie, jeune fille. »

Et il alla s'asseoir dans un fauteuil, auprès du roi Alkinoos.

On conduisait l'aède à son fauteuil, au centre du festin. Ulysse, taillant d'un porc aux dents blanches un morceau de filet bien gras, le lui fit porter en disant :

« Malgré mes chagrins, je veux lui rendre hommage, car les aèdes méritent honneur et respect de tous les hommes sur la terre ! »

Et, quand on eut satisfait la soif et l'appétit, il reprit :

« Démodocos, chante-nous l'histoire du cheval qu'Épéios fit avec l'aide d'Athéna, et comment le divin Ulysse l'introduisit par ruse dans la citadelle, après l'avoir empli d'hommes qui pillèrent Ilion. Si tu le peux, moi, je proclamerai partout que la grâce d'un dieu rythme ton chant inspiré. »

Démodocos commença au moment où les Argiens, ayant mis le feu à leur camp, s'étaient embarqués ; mais certains, autour du glorieux Ulysse, étaient dans Troie, cachés dans le cheval. Les Troyens l'avaient tiré eux-mêmes dans leur citadelle, et ils discutaient sans fin autour de lui : fallait-il en éventrer le bois avec le bronze aigu, le précipiter sur les rochers du haut des remparts ou en faire l'offrande aux dieux pour les apaiser ? C'est par là qu'ils devaient finir : leur perte était certaine, du moment où leur ville enfermait le grand cheval de bois, alors que les meilleurs des Argiens y étaient postés, apportant aux Troyens le meurtre et la mort. L'aède chanta comment les fils des Achéens, se répandant hors du cheval, ravagèrent la citadelle, comment chacun mit à sac son coin de la ville escarpée, comment Ulysse accompagna Ménélas jusque chez Déïphobe et là, affrontant le plus terrible des combats, fut vainqueur, par la grâce d'Athéna. Mais, à mesure que chantait l'aède, Ulysse faiblissait, les larmes mouillaient ses joues. Il put les cacher à tous, sauf à Alkinoos :

Ulysse faiblissait, les larmes mouillaient ses joues.

« Que Démodocos laisse de côté sa cithare[1] ! Son chant n'est pas agréable pour tous : notre hôte n'a pas cessé de sangloter, il doit avoir un grand chagrin au cœur !... Mais toi,

1. Cithare, *n. f.* : instrument à cordes pincées, comme la lyre, mais qu'il ne faut pas confondre avec elle. On pouvait aussi en jouer avec un plectre. Au sens strict, l'instrument dont il est question dans l'Odyssée est une phorminx. La caisse de résonance de la lyre antique était une écaille de tortue (ou une imitation), recouverte d'une peau tendue. Au contraire, dans la cithare et dans la phorminx, elle était formée par le corps de l'instrument lui-même, sans peau tendue (voir l'illustration, page 158).

maintenant, ne ruse pas, ne cache plus ce que je te demande, il vaut mieux que tu parles : dis-nous le nom que t'ont donné, là-bas, ton père et ta mère, dis-nous ton pays, ton peuple et ta cité, dis-nous par où tu as erré, dis-nous pourquoi tu pleures… As-tu perdu devant Troie un parent ou un compagnon que tu aimais ?

– Puissant Alkinoos, c'est vraiment bon d'écouter un aède comme celui-ci, que sa voix rend semblable aux dieux. Pour ma part, je dis qu'il n'y a rien de mieux que la bonne entente dans tout le peuple quand, assis au festin, on écoute l'aède, avec, sur les tables, du pain et de la viande en abondance, et que l'échanson[1] puise au cratère pour emplir les coupes. Pour moi, selon mon cœur, c'est ce qu'il y a de mieux ! Mais ton cœur incline à me demander mes chagrins,

---

1. Échanson, *n. m.* : celui qui sert le vin et s'occupe de sa préparation.

pour que je pleure et me lamente encore plus… Par où commencer, comment dire, comment te faire, jusqu'au bout, la liste des souffrances innombrables que m'ont données les dieux du ciel ?

« Mais je vais d'abord vous dire mon nom, que, si j'échappe au jour fatal, je sois pour vous un hôte, même si j'habite au loin. Je suis Ulysse, le fils de Laërte, qui fais parler les hommes à cause de toutes mes ruses, et ma renommée monte jusqu'au ciel. J'habite Ithaque l'occidentale ; tout autour, les îles sont nombreuses, très serrées les unes contre les autres : Doulichion, Samé, Zante la forestière. Elle, Ithaque, elle touche au continent, c'est la toute dernière en mer, vers le couchant. Elle est rude, mais bonne nourricière de jeunes hommes ; et moi, je ne peux rien connaître de plus doux que cette terre. »

Souquant ferme, nous reprîmes le large...

LE CYCLOPE 7

« D'Ilion, le vent nous poussa au pays des Kikones. Je pillai leur ville et les massacrai. Mais, au lieu de repartir tout de suite, comme je le voulais, mes gens se mirent à ripailler[1], les fous !... Bientôt, les Kikones de l'intérieur des terres arrivèrent à la rescousse de leurs frères. Abandonnant les cadavres de six des nôtres, nous n'échappâmes à la mort qu'en reprenant la mer.

« Ensuite, une violente tempête nous dérouta : au large du cap Malée, pas moyen d'embouquer[2] le détroit, ni de gagner le port de Cythère ! Neuf jours les vents nous chassèrent et le dixième nous abordâmes chez les

---

1. Ripailler, *v. intr.* : faire un repas où l'on mange beaucoup et bien.

2. Embouquer, ou emboucher, *v. tr.* (terme de navigation) : pénétrer dans une embouchure ou un détroit.

Lotophages. Ils offrirent aimablement du lotos[1], leur seule nourriture, aux hommes envoyés en reconnaissance. C'est un fruit si doux qu'il fait tout oublier : ils ne voulaient plus repartir. Je dus les embarquer de force, les enchaîner dans leurs bateaux et je m'empressai de quitter ces parages, de peur que d'autres ne goûtent, à leur tour, au lotos.

« De là, nous arrivâmes au pays des Cyclopes, des brutes sans foi ni loi : chacun fait la sienne. À quelque distance, il y a une petite île, peuplée seulement de chèvres sauvages. Nous y fîmes relâche et bonne chasse : neuf chèvres pour chacun des douze bateaux. Et, comme il restait du vin à bord, la journée se passa en festin. Le lendemain, laissant la

1. Lotos, *n. m.* : arbre dont le fruit constitue la nourriture des Lotophages, dans l'*Odyssée*; il ne s'agit pas du lotus (*Nymphaea lotus*), mais probablement du jujubier (*Zizyphus lotus*) ; c'est seulement par jeu de mots avec *lêthê*, qui signifie « oubli », qu'Homère attribue à ce fruit la propriété de faire oublier.

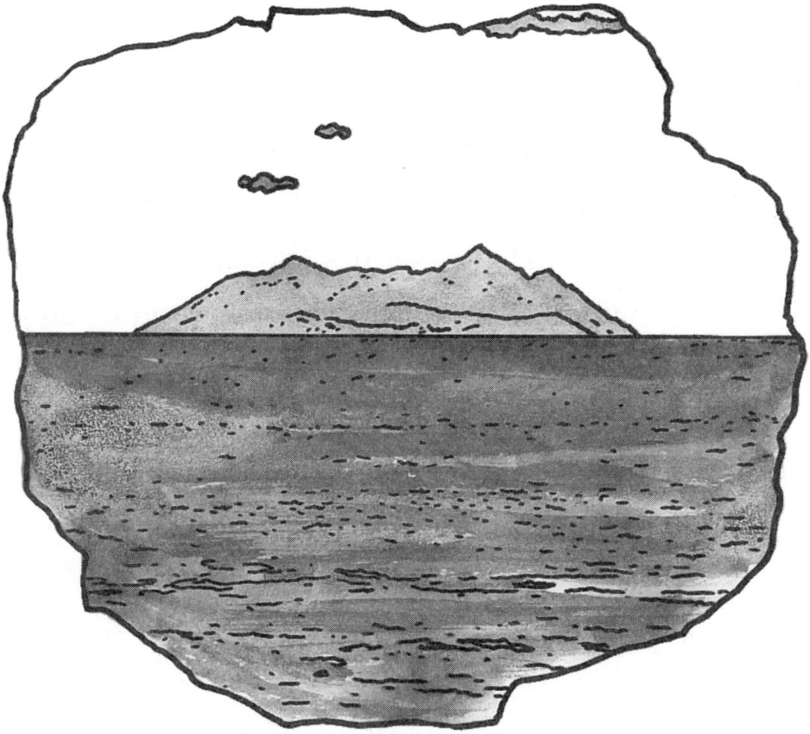

flotte au mouillage [1] à l'abri de l'île, je gagnai la côte proche, avec mon seul navire. J'abordai près d'une caverne où vivait un de ces monstres, s'occupant de son petit bétail. Il n'avait pas l'air d'un homme, mais d'une

1. Mouillage, *n. m.* : 1. endroit où il est possible de jeter l'ancre ; 2. le fait de jeter l'ancre. Au mouillage : à l'ancre.

vraie montagne. En débarquant, j'emmenai douze hommes d'élite. J'emportai une grande outre d'un vin fort et doux comme le miel... Dans la caverne, il n'y avait que des fromages alignés sur des claies, des agneaux et des cabris. Mes gens voulaient tout prendre et repartir. C'est moi qui refusai – pourtant, nous aurions mieux fait ! –, mais je voulais le voir. Il arriva et jeta son fagot avec un tel fracas que nous nous sauvâmes, terrorisés, au fond de la caverne. Il fit entrer ses bêtes, et ferma l'entrée en dressant un énorme rocher. Puis, il nous aperçut :

«– Étrangers, qui êtes-vous ? Des commerçants ou des pirates ?

« Nous étions terrifiés, mais je lui demandai l'hospitalité, au nom des dieux.

«– Es-tu niais, étranger, que tu me parles des dieux ? Les Cyclopes n'en ont rien à faire : nous sommes les plus forts !

« Saisissant à pleines mains deux de mes hommes, il les assomma contre terre : leur cervelle arrosait le sol en coulant. Il les déchiqueta, membre après membre, en les dévorant comme un lion : entrailles, chairs, os, moelles… Enfin, repu, il s'endormit.

« Que faire ? Lui planter mon épée dans le foie ? Nous étions morts d'avance : impossible d'enlever le rocher de l'entrée ! Dès l'Aurore, il prit encore deux hommes pour son petit déjeuner, et il partit, après avoir replacé le rocher. Je roulais la vengeance au gouffre de mon cœur. Il avait là une massue, grande comme le mât d'un navire. J'en coupai un morceau que je taillai en pointe et mis à durcir au feu. Puis nous le cachâmes sous la paille qui jonchait le sol. Le soir, le Cyclope fit rentrer toutes ses bêtes, et prit encore deux hommes pour son souper. Alors je m'approchai, tenant à deux mains une auge de vin noir :

«– Cyclope, bois donc un coup de vin, pour faire passer !

« Il vida l'auge d'un trait et en redemanda :

Alors, mettant le pieu au feu, nous le fîmes rougir...

«– Encore, sois gentil ! Et dis-moi ton nom, car je veux te faire un cadeau... Ce vin est une quintessence[1] de nectar et d'ambroisie !

« Trois fois, sans réfléchir, il vida l'auge cul-sec. Le vin lui montait à la tête. Je lui dis :

«– Je m'appelle Personne.

«– Eh bien, pour te remercier, je mangerai Personne en dernier : ce sera mon présent d'hospitalité !

« Et il tomba à la renverse et se mit à ronfler. Alors, mettant le pieu au feu, nous le fîmes rougir et, à plusieurs, nous le lui plantâmes au coin de l'œil : j'appuyais dessus et le faisais tourner. Le sang bouillonnait tout autour. Il poussa un hurlement de fauve et arracha le pieu de son œil, pendant que nous fuyions. Il appela les autres Cyclopes, ses voisins. Ils accoururent.

---

1. Quintessence, *n. f.* : ce que l'on peut obtenir ou imaginer de plus raffiné ; une quintessence de nectar : meilleur, plus fin, si la chose était possible, que le nectar.

«– Qu'est-ce qu'il y a, Polyphème ? Quelqu'un te tue ?

« Il répondit, du fond de sa caverne :

«– Personne me tue !

«– Si personne t'attaque, et que tu cries comme ça, alors Zeus te fait perdre la tête !... On n'y peut rien ! Prie le seigneur Poséidon notre père...

« Ils s'en allèrent. Lui, enlevant le rocher, s'assit en travers de l'entrée, pour nous prendre au passage quand nous sortirions... Pas si bête ! Sans bruit, en tressant l'osier qui lui servait de lit, j'attachai trois par trois ses robustes béliers, et, à chaque fois, sous celui du milieu, je suspendis l'un de mes hommes. Moi-même je m'agrippai à la toison du plus fort, sous son ventre. Et le Cyclope eut beau tâter la laine de ses bêtes, il ne pensa pas à nous chercher dessous ! Dès que nous fûmes un peu loin, nous courûmes, en emmenant les animaux, jusqu'à notre bateau. En fronçant les sourcils je fis taire les cris et les pleurs :

Il poussa un hurlement de fauve.

«– Embarquez les bêtes ! On appareille [1]...

« Puis je hélai le Cyclope :

«– Cyclope, il ne fallait pas t'imaginer que tu mangeais les compagnons d'un lâche ! Zeus et les autres dieux t'en ont récompensé !...

« Redoublant de colère, il arracha la cime d'une montagne et nous la lança. Ce fut un tel remous que le bateau fut ramené à la côte. Mais, souquant [2] ferme, nous reprîmes le large, et, malgré mes compagnons qui voulaient me faire taire :

«– Si quelqu'un te demande qui t'a privé de ton œil et t'a rendu aveugle, dis que c'est le preneur de villes, le fils de Laërte, Ulysse, l'homme d'Ithaque !

« Il se lamenta :

---

1. Appareiller, *v. intr.* (terme de navigation) : manœuvrer pour partir.

2. Souquer, *v. intr.* : tirer sur les avirons avec énergie.

«– Misère ! Un devin me l'avait prédit ! Mais je m'attendais à un homme grand, beau et fort ! Et voilà que c'est un pas grand-chose, un rien du tout, un moucheron, qui m'a crevé l'œil après m'avoir abattu à coups de vin !... Écoute, Poséidon, Maître de la Terre, puisque tu te vantes d'être mon père, fais que cet Ulysse, preneur de villes, ne rentre jamais chez lui, ou, si le destin lui fait revoir les siens, qu'il ne rentre qu'après bien des peines, après avoir perdu tous ses compagnons, sur un bateau étranger, et qu'il trouve encore des souffrances dans sa maison !

« De nouveau, il fit tournoyer un rocher, bien plus gros que l'autre, et le lança. Il nous manqua de peu, et nous gagnâmes l'île où nous attendaient les autres bateaux et nos compagnons. Une fois partagés, à la satisfaction de tous, les moutons du Cyclope, je sacrifiai un agneau à Zeus aux sombres nuages, le fils de Cronos, mais il n'agréa pas l'offrande. Dès l'Aurore aux doigts de rose, je fis embarquer et larguer les amarres, et les rames frappèrent la mer grisonnante. Accablés, nous étions rescapés, mais nous avions perdu des compagnons. »

Elle les frappa de sa baguette...

CIRCÉ 8

« NOUS arrivâmes chez Éole. Un mois durant, je fus son invité : je lui racontai la guerre. Le jour du départ, il m'offrit une outre de cuir, où étaient enfermés tous les courants des vents, et il fit souffler un Zéphyr pour nous ramener. Nous naviguâmes neuf jours et neuf nuits : la dixième, on voyait les feux du pays ! Mais le sommeil me prit : je n'avais pas lâché l'écoute[1], tant j'avais hâte d'arriver. Mes gens mirent la main sur l'outre :

«– Quels trésors Éole lui a-t-il donnés ? Il a gagné ses bonnes grâces !... Tout est toujours pour lui, et, pour nous, jamais rien !

---

1. Écoute, *n. f.* : cordage qui sert à régler la tension d'une voile. Ulysse règle en permanence à la force du poignet la tension de la voile, en tirant plus ou moins sur le cordage, de manière à ne pas perdre un instant.

« Ils ouvrirent : tous les vents s'échappèrent en tempête ! Elle nous remporta au large : la patrie fuyait sous leurs yeux ! Et nous revînmes chez Éole... Cette fois, il me chassa :

«– Fiche-moi le camp, et vite !... rebut[1] des vivants ! Fiche le camp, puisque les Éternels te haïssent !

« Six jours et six nuits. Le septième, nous fûmes chez les Lestrygons. La rade était étroite, entre deux falaises. Tous entrèrent. Moi seul, je mouillai en dehors. Bientôt nos éclaireurs donnèrent l'alarme : un peuple de géants ! Le roi était en train de manger l'un d'entre eux ! Déjà, les Lestrygons attaquaient ; du haut des falaises, ils jetaient des rochers : bateaux fracassés, hommes assommés, et ils les harponnaient comme des thons !... Tirant l'épée, je coupai l'amarre, et aux rames ! Mon bateau une fois en mer, sauvés ! mais tous les autres avaient péri là-bas !

---

1. Rebut, *n. m.* : déchet, ordure.

Accablés, nous étions rescapés, mais nous avions perdu nos compagnons.

« De là, nous arrivâmes à Aïaïé, l'île de la terrible déesse Circé. Je partageai mes hommes en deux groupes : Euryloque commanderait l'un, moi l'autre. On tira au sort : Euryloque et les siens partirent explorer l'intérieur, tandis que les autres et moi gardions le bateau. Nous pleurions en nous séparant. Dans une clairière, ils trouvèrent la demeure de Circé, et, tout autour, changés en lions et en loups, les hommes que la perfide déesse avait ensorcelés. Au lieu d'attaquer mes compagnons, ils leur faisaient fête, mais eux, ils tremblaient à la vue de ces monstres. Ils entendaient chanter Circé dans la maison, et Politès, toujours plein de bon sens, dit :

«– Mes amis, on chante et on tisse là-dedans : le sol en tremble. Une déesse ou une femme ?... Vite, faisons-nous entendre !

« Il appela. Elle accourut et les invita. Ils entrèrent, les fous !... Seul Euryloque, flairant le piège, resta dehors. Elle leur servit du vin où elle avait battu du fromage, de la farine et du miel vert, mais aussi une drogue funeste[1] pour leur ôter le souvenir de la patrie. Ils burent d'un seul trait. Alors, elle les frappa de sa baguette et les emmena dans la porcherie : de porcs, ils avaient la tête, la voix et les soies, mais leur esprit n'avait pas changé. Ils étaient enfermés, ils pleuraient, et Circé leur jetait des glands à manger, comme à des cochons vautrés à terre.

« Averti, je ceignis mon épée et me mis en chemin. Comme j'arrivais à la demeure de Circé la Sorcière, Hermès à la baguette d'or m'apparut sous les traits d'un jeune homme à la fleur de l'âge :

«– Malheureux, où vas-tu, tout seul ? Chez Circé, où tes compagnons sont enfermés dans la porcherie ?… Je te le dis : tu n'en reviendras pas… sauf si je viens à ton aide ! Je vais

1. Funeste, *adj.* : qui provoque le malheur.

te donner l'herbe de vie. Les maléfices de Circé seront alors sans effet sur toi. Et voici ce que tu vas faire…

« La déesse accourut à mon appel. Elle m'offrit sa drogue. À peine avais-je bu qu'elle me toucha de sa baguette, en disant :

«– Maintenant à la porcherie ! Couche-toi près des autres !

« Moi, tirant du long de ma cuisse mon épée pointue, je sautai sur Circé, comme pour la tuer. Elle tomba à mes genoux en poussant un grand cri :

«– Qui es-tu ? de quel peuple ? C'est un miracle que tu aies résisté à cette drogue ! Es-tu Ulysse aux mille tours ? Hermès à la baguette d'or m'a toujours dit qu'il passerait ici en revenant de Troie… Viens, remets ton épée au fourreau ; nous deux, allons nous mettre au lit : qu'unis par l'amour, nous puissions désormais nous fier l'un à l'autre.

« Ce n'était pas le moment de refuser, Hermès m'en avait averti. Pourtant :

À la porcherie ! Couche-toi près des autres !

«– C'est une ruse pour m'avoir sans armes ! Déesse, je n'entrerai pas dans ton lit, si tu ne veux pas me jurer le grand serment des bienheureux que tu ne médites pas un mauvais coup contre moi.

« Elle jura, et j'entrai dans le lit somptueux de Circé. Mais quand, après un bain, elle m'offrit nourriture et boisson :

«– Ô Circé, quel homme aurait le cœur à manger, sachant ses compagnons victimes de tes enchantements ?

« Au moyen d'une nouvelle drogue, elle leur rendit forme humaine. La demeure résonnait des sanglots de nos retrouvailles : la déesse elle-même en était attendrie. Elle m'envoya chercher le reste de mon équipage. Seul Euryloque refusait de me croire et de venir :

«– Malheureux, où voulez-vous aller ? leur dit-il. Pourquoi courir après ces malheurs ?... Chez le Cyclope, nos compagnons ont péri par la faute d'Ulysse !

« Je m'apprêtais à tirer mon épée pour lui faire voler la tête, bien qu'il fût mon proche parent, mais les autres s'interposèrent : qu'il reste près du bateau, s'il voulait !… Il nous suivit pourtant, effrayé par ma colère.

« Toute une année, Circé, nous faisant boire et banqueter en oubliant nos souffrances, nous redonna les forces et le courage que nous avions jadis, au départ d'Ithaque. Mais ensuite, mes compagnons vinrent me dire qu'il était temps de songer au pays… Je suppliai Circé de nous remettre en route.

«– Divin fils de Laërte, subtil Ulysse, ne restez plus chez moi malgré vous ! Mais il y a d'abord un autre voyage à faire, chez Hadès et la terrible Perséphone pour consulter l'âme du Thébain Tirésias, le devin aveugle.

« À ces mots mon cœur éclata. Je pleurai assis sur le lit :

«– Ô Circé, qui nous conduira ? Personne encore n'est arrivé chez Hadès en bateau !

«– Quel besoin d'un pilote ? Dresse le mât, déploie les voiles, le vent du nord fera le reste ! Sacrifie au peuple des morts un agneau et une brebis noirs. Les âmes des trépassés[1] endormis dans la mort vont accourir. Toi, tiens-les à l'écart à la pointe de l'épée jusqu'à ce que tu aies interrogé Tirésias : c'est lui qui te dira comment rentrer, sur la mer poissonneuse.

« J'annonçai le départ. Mais, de là non plus, je ne devais pas ramener tout le monde : il y avait un nommé Elpénor, le plus jeune, pas trop brave, et pas le plus malin. Cherchant la fraîcheur, après boire, il était allé dormir sur le toit en terrasse. Au matin, réveillé par les voix et les pas, il ne se souvenait de rien. Il se leva d'un bond ; au lieu de prendre l'escalier, il alla tout droit devant lui. Il se cassa le cou ; son âme descendit chez

---

1. Trépassé, *part. passé*, puis *n. m.* Au sens propre : passé de l'autre côté, dans l'au-delà, c'est-à-dire la mort.

Hadès. À l'annonce de notre destination, les autres se mirent à se lamenter… Pour quoi faire ?… Circé, elle, était venue en secret attacher au bateau un agneau et une brebis noirs. Elle était facilement passée inaperçue : qui verrait de ses yeux un dieu aller ici ou là, s'il ne le veut pas ? »

Après avoir bu le sang noir, le devin prit la parole.

L'ÉVOCATION DES MORTS 9

« APRÈS une journée de mer, à l'endroit indiqué par Circé, je creusai avec mon épée une fosse carrée. Au-dessus, j'égorgeai les victimes : leur sang répandu fumait. Les âmes des morts accoururent : vieillards pleins de souffrances, tendres filles dans leur premier chagrin, foules d'hommes frappés à coups de lances… ils se pressaient dans une clameur d'au-delà : une peur verte me prenait. Euryloque et Périmède invoquaient Hadès et Perséphone. Moi, j'empêchais les morts d'approcher du sang, tant que Tirésias n'avait pas répondu.

« La première âme qui vint fut celle d'Elpénor : il n'avait pas encore de tombe.

«– Je t'en supplie par ceux de là-bas, ton

père, ton épouse et Télémaque : en quittant l'Hadès, tu dois repasser en Aïaïé. Souviens-toi de moi, seigneur : ne me laisse pas sans pleurs ni tombeau ! Et plante sur ma tombe la rame avec laquelle, de mon vivant, je ramais avec mes compagnons…

« Je promis. C'est alors que survint l'âme de ma mère défunte, Anticlée, que j'avais quittée en vie, à mon départ pour la sainte Ilion. Mes yeux s'emplirent de larmes, mais je l'empêchai d'approcher tant que Tirésias n'avait pas répondu. Alors survint l'âme du Thébain Tirésias. Écartant mon glaive, je le remis au fourreau. Après avoir bu le sang noir, le devin prit la parole :

«– Tu es en peine du retour à la douceur de miel, brillant Ulysse. Il sera difficile, car Poséidon te hait, pour avoir aveuglé son fils, Polyphème ! Pour rentrer, il faudrait dominer ton cœur et celui de tes gens. Vous allez aborder dans l'île du Soleil qui voit tout, entend tout. Là paissent ses vaches et ses brebis. Si vous n'y touchez pas, vous pourriez, malgré vos malheurs, rentrer à Ithaque. Sinon, je garantis la perte de ton navire et de ton équipage. Toi, si jamais tu en réchappes, tu rentreras après bien des peines, ayant perdu tous tes compagnons, sur un bateau étranger, et tu trouveras encore le malheur dans ta maison : des orgueilleux en train de dévorer ton bien et courtiser ta femme ! Et, après les avoir tués, tu devras repartir, ta rame sur l'épaule, jusqu'à ce que tu trouves des gens qui ne connaissent pas la mer, et qu'un d'entre eux te demande ce que c'est que cette pelle à grain !… Alors, plante-la dans le sol et fais un sacrifice au seigneur Poséidon. Tu rentreras ensuite chez toi offrir une hécatombe aux dieux et tu vivras vieux parmi tes peuples heureux. En vérité, je te le dis !

« Le seigneur Tirésias rentra dans l'Hadès. L'âme de ma mère approchait en silence du sang. Après avoir bu, elle me reconnut :

«– Mon enfant, comment es-tu arrivé ici vivant ? Il est dur aux vivants de voir ces choses !

«– Ma mère, je devais consulter Tirésias. Je suis toujours en route, de malheur en malheur, depuis que j'ai suivi Agamemnon pour faire la guerre aux Troyens. Mais, dis-moi, quelle mort t'a domptée ? Une longue maladie, ou une douce flèche d'Artémis à l'arc ? Et mon père ?… mon fils, que j'ai laissé ?… Ont-ils encore mon pouvoir ? Ou un autre l'a-t-il pris, sous prétexte que je ne reviendrais plus ? Parle-moi de mon épouse : est-elle toujours auprès de notre enfant ? Tient-elle ferme nos affaires ? Ou a-t-elle épousé, déjà, un noble Achéen ?

Mon enfant, comment es-tu arrivé ici vivant ?

«– Ah, elle !… Elle est toujours dans ton palais, le cœur patient. Et ses jours et ses nuits se consument toujours à pleurer. Personne n'a pris le pouvoir. Ton fils gère votre patrimoine. Ton père reste aux champs, il ne vient plus en ville. Il dort, par terre, près du feu, ou dehors sur des feuilles mortes, vêtu de haillons. Il se ronge de chagrin à désirer ton retour. Dure vieillesse !… Et moi, j'en suis morte : ni maladie, ni Artémis, c'est l'envie de te voir et le regret de toi, brillant Ulysse, et de ta tendresse, qui m'ont arraché la vie au goût de miel.

« Elle dit. Et moi, de tout mon cœur, je voulais l'embrasser. Trois fois, je tendis les bras… Trois fois, elle s'envola de mes mains, comme une ombre ou un rêve :

Ma mère, pourquoi me fuir ?

«– Ma mère, pourquoi me fuir ?

«– Hélas ! mon enfant, c'est la loi même des humains quand ils meurent : les nerfs ne tiennent plus les chairs ni les os, l'âme, envolée, n'est plus qu'un rêve… Mais regagne vite la lumière ! Tout cela, retiens-le pour le raconter, à ton retour, à ta femme.

« Et ma mère rentra dans l'Hadès… Je vis bien d'autres morts. Comment les citer tous ? »

Sous le charme, tous se taisaient, retenant leur souffle, dans l'ombre de la salle du palais d'Alkinoos. Arètè et Alkinoos prièrent leur hôte de rester un jour de plus, afin de poursuivre ses récits : chacun des rois phéaciens enverrait chercher, pendant ce temps, de nouveaux cadeaux pour lui… Comment refuser ? La nuit et le coucher des astres suggéraient le sommeil, mais un tel désir les tenait de savoir ses malheurs, que, malgré le deuil de son âme, Ulysse recommença.

« Je vis Agamemnon, qui me conta le crime d'Égisthe et de Clytemnestre :

«– Nous gisions dans la grand-salle, tout le sol fumait de sang. Et j'entendis le hurlement épouvantable de Cassandre, la fille de Priam, que la traîtresse Clytemnestre tuait sur moi. Levant le bras je tentai de la protéger, mais succombai à un nouveau coup d'épée. Et la face de chienne se détourna, me laissant aller vers l'Hadès, sans oser me fermer les yeux ni les lèvres.

« Nous conversions tristement, quand survinrent les ombres d'Achille et de Patrocle,

« Je tentai de protéger Cassandre, mais succombai à un nouveau coup d'épée.»

d'Antiloque et d'Ajax, qui était le meilleur des Danaens, après le Péléide. Achille, en sanglotant, me dit :

«– Malheureux, pourquoi donc ton cœur est-il toujours insatiable d'exploits ? Comment as-tu osé descendre chez Hadès ?

«– Achille, ô le plus vaillant parmi les Achéens, j'avais besoin des conseils de Tirésias... Mais il n'y aura jamais dans l'avenir, il n'y a jamais eu dans le passé un homme plus heureux que toi : de ton vivant, nous t'honorions à l'égal des dieux, nous, les Argiens, et maintenant, ici, tu es un prince chez les morts. Tu n'as pas à te plaindre, Achille !

«– Ne me console pas avec de belles paroles, brillant Ulysse : j'aimerais mieux être ouvrier agricole, au service d'un fermier pauvre, sans grand-chose à manger, que d'être un seigneur parmi tous ces morts éteints !...

« L'ombre d'Ajax, fils de Télamon, se tenait à l'écart : il était furieux de la victoire que j'avais remportée au jugement, près des vaisseaux, pour les armes d'Achille, offertes par sa mère. Des enfants troyens avaient été les juges, avec Pallas Athéna. Je tentai de l'apaiser, mais lui, sans rien répondre, il retourna dans l'Érèbe avec les autres âmes des trépassés endormis dans la mort.

« Des milliers de morts s'assemblaient, dans une clameur d'au-delà. Une peur verte me saisit. Je regagnai le vaisseau et fis larguer les amarres. Nous descendîmes le courant du fleuve Océan, aux rames d'abord, puis il y eut bon vent pour nous ramener jusqu'en Aïaïé, chez Circé. Une fois là-bas, le bateau tiré sur la grève, il n'y avait plus qu'à dormir en attendant l'aube divine. »

« Après
l'avoir brûlé,
nous
lui fîmes
un tertre... »

LES SIRÈNES, CHARYBDE ET SCYLLA, LES BŒUFS DU SOLEIL 10

« Dès que parut la fille du matin, l'Aurore aux doigts de rose, j'envoyai chez Circé prendre le corps d'Elpénor. Après l'avoir brûlé, nous lui fîmes un tertre[1], avec, à son sommet, sa rame plantée droit. Circé accourait avec ses suivantes, portant du pain, des viandes en abondance et du vin rouge comme le feu. Déesse entre les déesses, elle se tint au milieu de nous et dit :

«– Malheureux, vous êtes descendus vivants dans l'Hadès ! La mort, unique pour les autres, vous la verrez deux fois !… Aujourd'hui, mangez et buvez ! Demain vous partirez : je vous dirai la route pour éviter le malheur.

---

1. Tertre, *n. m.* : petite colline ou amas artificiel de terre, en général au-dessus d'un tombeau.

« Tout le jour se passa en festin. Au coucher du soleil, les autres allèrent dormir près du bateau. Circé me prit par la main, m'emmena à l'écart et s'allongea près de moi. Elle m'interrogea sur tout. À son tour, elle m'expliqua ce qui nous attendait… Et puis ce fut l'Aurore, au trône d'or. Nous mettions à la voile par bonne brise, grâce à Circé : on n'avait qu'à s'asseoir, laisser faire le vent et le pilote. Je parlai à mes hommes :

«– Je veux que vous sachiez ce que m'a dit Circé, qu'avec une claire conscience des choses nous allions à la mort ou en réchappions ! Il faut d'abord fuir les Sirènes et leurs voix ensorcelantes. Ce sont des naufrageuses [1] : les marins se laissent captiver par leur chant, mais ensuite leurs os blanchissent le rivage !… Seul, je puis les entendre : vous allez m'attacher au mât, et si je

1. Naufrageur, - euse, *adj.* ou *n. m.* ou *f.* : celui ou celle qui provoque un ou des naufrages.

vous supplie ou vous ordonne de me délier, serrez plus fort !

« Bientôt le vent nous amena près des Sirènes, et, soudain, il tomba : une divinité semblait avoir endormi les flots. On se mit aux rames. Moi, au fil aigu du bronze, je découpai un grand gâteau de cire, et je la malaxai entre mes mains. De banc en banc, j'allai boucher les oreilles de mes compagnons. Eux, alors, m'attachèrent au mât, bras et jambes, debout sur l'emplanture[1], et en route !... Les Sirènes entonnèrent leur chant :

«– Viens donc... Par ici, fameux Ulysse, gloire des Achéens ! Arrête ton bateau pour écouter nos voix. Personne ne passe par ici, dans son noir vaisseau, sans écouter les chants de miel de nos lèvres. C'est un plaisir après lequel on s'en retourne plein d'usage et

1. Emplanture, *n. f.* (terme de construction navale) : pièce de bois qui supporte le pied du mât.

raison, car tout ce qui advient au monde, nous le savons !…

« C'est ainsi qu'elles s'exprimaient en jouant de leur voix, et le désir me prit de les écouter. En fronçant les sourcils, j'ordonnai à mes gens de me délier : aussitôt Périmède et Euryloque se levèrent pour resserrer mes liens et faire un tour de plus. Nous passâmes. Bientôt on n'entendit plus ni les cris ni les chants. Mes compagnons enlevèrent la cire de leurs oreilles et me détachèrent. Comme nous perdions de vue l'île des Sirènes, je vis une fumée et une grande vague, et j'entendis un sourd ressac. Effrayés, les rameurs laissèrent tomber leurs avirons et le bateau s'immobilisa :

«– Allons, mes amis, nous en avons vu d'autres ! Le danger n'est pas plus grand que chez le Cyclope, et je vous en ai tirés !… Un jour, tout ça fera de bons souvenirs ! Souquez ferme ! Voyons si Zeus veut nous faire échapper ! Et toi, pilote, attention ! Tiens bon

la barre : passe au large, gare à l'écueil ! Si le bateau court dessus, tu nous jettes à la mort !

« Ils m'écoutèrent. Je n'avais rien dit de Scylla – ce monstre auquel nous ne pourrions pas échapper tous… –, de peur qu'ils ne lâchent de nouveau les rames, pour s'entasser, tremblants, au fond du bateau ! Malgré les conseils de Circé, je revêtis mes armes, espérant découvrir le monstre avant son attaque… Nous embouquâmes la passe en gémissant. D'un côté, Scylla, et de l'autre, Charybde : celle-ci, quand elle vomit, bouillonne et siffle comme un chaudron à feu vif, et l'écume jaillit jusqu'en haut des deux écueils. Puis, quand elle ravale la mer, elle bouillonne tout entière, et le rocher, autour, mugit terriblement. On voit le fond sableux et sombre, tout en bas… Ils étaient verts de peur ! Mais, tandis que nous regardions Charybde, redoutant notre perte, Scylla enlevait, au creux même du bateau, six hommes – les plus forts. Me retournant, je les aperçus déjà emportés là-haut, pieds et mains battant l'air, et ils criaient et m'appelaient ! Sur le seuil de sa caverne, Scylla les mangea, hurlants, et tendant vers moi leurs mains en une lutte atroce ! Jamais, de mes yeux, je n'ai rien vu de plus horrible, dans tout ce que j'ai enduré sur la mer, à la recherche des passes…

« Tout de suite après les écueils, c'était l'île du Soleil Très-Haut : on entendait meugler ses bœufs ! Vu les prophéties de Tirésias, je voulais la doubler sans escale… Mes compagnons exigèrent d'y relâcher[1] : ils tombaient de fatigue ! J'étais seul, il fallut céder. Je leur fis jurer de ne pas toucher aux bêtes : on se contenterait des vivres de Circé ! Mais au déclin des astres, Zeus, l'Assembleur des nuages, fit lever un fort vent du sud : il fallut tirer le navire au sec pour l'abriter. Tout un

1. Relâcher, *v. intr.* (terme de navigation) : faire escale, s'arrêter. Le mot s'emploie aussi à propos des théâtres : les jours sans représentation sont des jours de relâche.

mois, le vent du sud persista. Tant qu'on eut du pain et du vin rouge, pas question de toucher aux bœufs. Mais les réserves du bord épuisées, la nécessité obligea à se mettre en quête : poissons, oiseaux, ce qui tombait sous la main… Un jour que je priais à l'écart, les dieux me versèrent le sommeil sur les paupières. Euryloque, pendant ce temps, haranguait les autres :

«– La pire des morts, c'est de mourir de faim ! Eh bien, prenons les meilleurs bœufs, offrons une hécatombe aux dieux ; à Ithaque, nous consacrerons au Soleil Très-Haut un riche sanctuaire ! Et s'il se met en colère contre nous, j'aime mieux, une bonne fois, ouvrir grande la bouche aux vagues que de mourir à petit feu dans cette île déserte !…

« Aussitôt dit, aussitôt fait : on égorge, on écorche, on embroche ! Quand je me réveillai et repris le chemin du bateau, je sentis l'odeur des grillades ! J'éclatai en lamentations :

« Eh bien,
prenons
les meilleurs
bœufs ! »

«– Zeus père, et les autres Éternels bienheureux, vous m'avez endormi, quelle malédiction !… Et voilà le travail de mes compagnons !

« J'allai de l'un à l'autre en les injuriant, mais les bœufs étaient morts ! Aussitôt, les dieux envoyèrent des signes monstrueux : les peaux marchaient toutes seules, les viandes à la broche mugissaient !… Six jours, ils eurent de quoi banqueter ! Le septième, le vent tomba. On prit la mer, mais, à peine au large, il se leva un terrible vent de nord-ouest qui brisa net le mât, défonçant le crâne du pilote. Zeus tonna et lança sur nous sa foudre. Les autres furent emportés par les vagues : le dieu leur refusait le retour !

« Quand une lame fit éclater le bateau, je parvins à arrimer ensemble mât et quille qui flottaient côte à côte. Je m'installai là-dessus, et les vents m'emportèrent à ma perte… Ils avaient tourné, et portaient vers Charybde ! Elle était en train d'avaler. Un grand figuier la surplombait : je m'y accrochai comme une chauve-souris. Pas moyen d'y grimper, je restai là, pendu, jusqu'à ce que Charybde recrache les deux poutres. Je me laissai tomber dessus et m'agrippai : neuf jours à la dérive !... La dixième nuit, j'abordai chez Calypso aux belles boucles, qui m'accueillit et prit soin de moi... Mais je l'ai déjà dit, et j'ai horreur de répéter ce qui a déjà été dit en détail. »

*Il étendit
la main
et changea
le navire
en rocher.*

EUMÉE 11

LES Phéaciens, selon la promesse d'Alkinoos, ramenèrent Ulysse à Ithaque. On navigua de nuit. Ulysse dormit d'un sommeil profond comme la mort, oubliant tous les maux endurés. Avant l'aube, et sans le réveiller, ils le déposèrent sur le rivage de son île, avec tous ses trésors. Mais Poséidon n'avait pas oublié sa colère : les Phéaciens, ses protégés pourtant, l'irritaient en raccompagnant celui qu'il haïssait ; il s'en alla attendre à l'entrée de leur port ; et, pour leur faire abandonner le métier de passeurs, sitôt que parut le navire il étendit la main et le changea en rocher.

Ulysse s'éveilla. Mais il ne reconnaissait rien : Athéna lui voilait tout, pour qu'il apprenne tout d'elle. Il maudissait les Phéaciens d'avoir manqué à leur promesse et de l'avoir déposé les dieux savaient où !... Il recompta ses biens : s'ils en avaient remporté ? Tout y était ! Mais il se lamentait sur sa patrie... Alors, Athéna se montra, sous les traits d'un jeune pâtre[1]. Ulysse lui demanda où il était. Elle répondit :

Alors Athéna se montra.

« Tu es bien niais, étranger, ou tu viens de bien loin !... Cette terre a sa renommée ! Du grain, du vin, des pluies, de la rosée, un bon pays à porcs et à chèvres ! Voilà pourquoi le nom d'Ithaque est allé jusqu'à Troie !... »

Quelle joie pour le divin Ulysse l'Endurant ! Mais, pour expliquer sa présence, sans révéler son identité, il inventa un conte : il était crétois, et il avait fui sa patrie avec le butin rapporté de Troie, car il avait tué le fils du roi Idoménée... Athéna sourit. Avec une caresse de la main, elle reprit son apparence de femme :

---

1. Pâtre, *n. m.* : celui qui mène à la pâture, qui fait paître ; un pâtre de chèvres est un chevrier, un pâtre de moutons et de brebis un berger (le mot est apparenté à brebis), un pâtre de vaches et de bœufs est un bouvier.

« Quel fourbe et quel menteur ! Les tromperies et les ruses t'ont toujours plu depuis que tu étais petit !... Mais pas avec moi, s'il te plaît ! Pour les calculs et les discours, tu es le meilleur des mortels, moi, c'est parmi les dieux que je suis renommée pour mon esprit et ma ruse ! Tu n'as donc pas reconnu Pallas Athéna, qui fut toujours à tes côtés et t'a gagné le cœur des Phéaciens ?

– Un mortel a bien du mal à te reconnaître, déesse, même s'il est habile... Je sais bien que tu étais auprès de moi en Troade, mais après le pillage de la ville de Priam, je ne t'ai plus vue, fille de Zeus, et je ne t'ai pas trouvée embarquée à mon bord pour m'éviter la souffrance ! Maintenant, parle vrai : tu te moques de moi ?

Quel fourbe et quel menteur !

– Encore ?... Je suis bien incapable de t'abandonner : tu es trop beau parleur, l'esprit trop vif et réfléchi ! Mais je n'ai pas voulu combattre Poséidon, le frère de mon père... Regarde : c'est la rade de Phorkys, et l'olivier à la ramure déployée, là-bas… ici, la grotte des Naïades, et, là-haut, le mont Nérite ! »

Il reconnaissait Ithaque ! Quelle joie ! Sa terre ! Il en baisa le sol nourricier. La déesse l'aida à cacher ses trésors dans la grotte sacrée et lui apprit ce qui se passait chez lui. Ensemble ils combinèrent la perte des orgueilleux prétendants :

« Je serai toujours près de toi quand il faudra agir. Va chez Eumée, le chef de tes porchers, il t'est fidèle. Restes-y et renseigne-toi. Moi, j'irai à Lacédémone rappeler ton fils Télémaque. »

Touchant Ulysse de sa baguette, elle lui donna l'air d'un vieillard, le couvrit de haillons et lui mit en main un bâton et un affreux sac plein de trous, dont le lacet était une ficelle.

Devant les porcheries d'Eumée (six cents truies, avec leurs petits, sans compter les mâles, cela s'entend), les chiens, de vrais fauves, se jetèrent sur Ulysse en hurlant.

Eumée accourut et les dispersa à coups de pierres :

« Vieillard, il s'en est fallu de peu !... Tu m'aurais fait une belle réputation !... Comme si les dieux ne m'avaient pas donné assez de maux et d'angoisses !... Je pleure un seigneur... l'égal d'un dieu ! et j'élève ses porcs pour que d'autres les mangent, alors que lui, peut-être, il meurt de faim au bout du monde !... Allons, entre ! Toi aussi, mange son pain et bois son vin, et puis tu me diras d'où tu viens...

– Que Zeus et les autres dieux te donnent ce que tu désires le plus, puisque tu m'accueilles avec bonté !

– Étranger, ce n'est pas ma règle de maltraiter les hôtes, même plus piteux que toi ! C'est Zeus qui les envoie ! »

Il prit deux porcelets, qu'il immola, flamba, embrocha, débita :

« Mange, maintenant ! Repas de serviteurs : les porcs gras, les prétendants les mangent, sans s'en faire… Drôle de façon de faire leur cour ! Tous les jours que Zeus fait, ils sacrifient des bêtes. Et le vin !… ils mettent la cave à sec ! Pourtant, le maître avait la vie large, et toutes sortes de troupeaux ! »

Ulysse mangeait en silence, méditant le malheur des prétendants.

« Qui est-ce ? Dis-moi son nom. Je l'ai peut-être connu, j'en sais peut-être des nouvelles, j'ai tant roulé !

– Oh, vieillard, des nouvelles d'Ulysse !… Le premier vagabond qui arrive à Ithaque s'en va chez ma maîtresse lui conter une histoire à dormir debout ! Elle l'accueille, le traite bien, l'interroge en détail… et la voilà partie à pleurer !… Toi aussi, tu aurais vite fait de fabriquer une histoire, si on te la payait d'un habit, d'une robe et d'un manteau !… Non, lui, il y a longtemps que les chiens et les oiseaux ont dû rogner ses os, à moins que les poissons de la mer l'aient mangé… Il est bien mort !… N'en parlons plus car la tristesse me saisit le cœur : pour moi, c'était comme un grand frère !... Mais toi, qui es-tu ? de quel peuple ? Quels marins t'ont amené ici ? Tu n'es pas venu à pied ?

– Oui, mon hôte, je vais tout te dire, sans feinte... »

De nouveau, brodant mensonge sur mensonge, il dévida mille aventures.

Et, de nouveau, se disant crétois, brodant mensonge sur mensonge, il dévida mille aventures, de course et de pillage, la guerre de Troie, l'Égypte... Naufragé, pour finir, sur une côte proche, il avait été recueilli par le roi de la région. Là, on lui avait parlé d'Ulysse, qui rentrait au pays, mais qui était allé consulter d'abord l'oracle[1] de Dodone, pour savoir s'il devait rentrer secrètement ou au grand jour. Lui-même, les marins qui devaient le ramener en Crète avaient décidé de

1. Oracle, *n. m.* : réponse donnée par un dieu, par l'intermédiaire d'un prêtre ou d'une prêtresse, à une question posée par un fidèle. Par extension, le mot peut désigner le sanctuaire où l'on rend les oracles.

le vendre comme esclave : il s'était échappé par miracle, et voilà comment…

L'incrédule Eumée croyait tout, sauf qu'Ulysse puisse avoir des nouvelles d'Ulysse :

« Pourquoi mentir sans raison ? Tu n'y gagneras pas plus d'estime ni de bienveillance : c'est Zeus, le dieu de l'hospitalité, que je respecte en toi ! »

Tandis qu'ils parlaient ainsi, les porchers revinrent et firent rentrer les femelles. Les porcs qui restaient en plein air poussaient des grognements sans fin. Eumée fit abattre, cette fois, un animal de cinq ans, bien gras, et il fit au mendiant de passage l'honneur des meilleurs morceaux. Ulysse en eut le cœur en joie :

« Que Zeus le père, Eumée, t'aime comme je t'aime, puisque, tel que tu me vois, tu m'honores de cette manière !

– Mange, mon pauvre, et profite de l'occasion ! Les dieux font de nous ce qu'ils veulent. »

Après les libations aux dieux, tous allèrent se coucher et Eumée installa son hôte confortablement dans sa cabane. Puis il s'équipa pour sortir : glaive à l'épaule, grosse cape et bâton ferré, malgré la pluie et le vent, il allait dormir à l'extérieur, près de ses bêtes. Et Ulysse se réjouit une fois de plus de voir comme il prenait soin de ses biens, même en son absence.

« Sache que les prétendants te guettent dans le détroit entre Ithaque et Samé la rocheuse.»

PÈRE ET FILS 12

DANS le large pays de Lacédémone, Pallas Athéna vint faire songer Télémaque au retour. Il dormait dans l'entrée du palais de Ménélas, avec le fils de Nestor. Elle se tint à son chevet :

« Télémaque, assez vagabondé au loin, en abandonnant tes biens, dans ta maison, à des hommes sans scrupules ! Rentre, si tu veux trouver ta mère encore à ton foyer, car son père et ses frères la poussent désormais à épouser Eurymaque !... Mais sache que les prétendants te guettent dans le détroit entre Ithaque et Samé la rocheuse. Ils veulent te tuer. Passe donc au large des îles, et navigue de nuit. Aborde au premier cap d'Ithaque, puis renvoie le navire et son équipage à la ville. Toi, va d'abord chez Eumée. Passes-y la nuit, et envoie-le avertir la sage Pénélope que tu es rentré, sain et sauf, de Pylos. »

La déesse disparut. Télémaque éveilla le fils de Nestor :

« Debout ! Il faut atteler et partir !

– Télémaque, même des gens pressés ne peuvent pas lancer des chevaux sur la route dans cette nuit obscure ; patiente : bientôt ce sera l'Aurore. Et il faut prendre congé de Ménélas… »

Hélène et Ménélas firent à Télémaque de splendides cadeaux et les jeunes gens reprirent la route. Le lendemain, quand ils arrivèrent près de Pylos, Télémaque pria le fils de Nestor de l'amener directement à son bateau : il devait partir au plus tôt ! Amarres larguées, voiles hissées, la déesse aux yeux brillants envoya bonne brise. Télémaque se demandait s'il échapperait à la mort…

Dans la cabane, Ulysse et le divin porcher soupaient. Ulysse fit mine de vouloir s'en aller mendier en ville, pour ne pas rester à la charge d'Eumée. Il essaierait d'entrer chez le divin Ulysse et chercherait sa pitance auprès des prétendants : il pourrait se mettre à leur service, arranger le feu, fendre le bois, découper ou rôtir la viande, verser à boire… Eumée poussa un grand soupir :

« D'où tires-tu une idée pareille ? Tu veux courir à ta perte, chez ces brutes ? Ce ne sont pas des gens comme toi qui les servent, mais des jeunes, bien habillés et bien stylés ! Reste donc ici ! Qui se plaint de ta présence ? Ni moi ni mes gens… Attends le fils d'Ulysse : dès son retour, il te donnera robe et manteau et te fera reconduire où tu voudras.

Tu veux courir à ta perte, chez ces brutes ?

– Que Zeus le père t'aime comme je t'aime, Eumée ! Tu me tires du vagabondage et de la misère. »

Et, comme on arrivait aux longues nuits, qui laissent du temps pour les histoires, quand il vaut mieux ne pas se coucher trop tôt, car trop de sommeil aussi fatigue, Eumée envoya les autres dormir dehors, s'ils voulaient, et, à la demande d'Ulysse, fit le récit de ses origines : il était le fils du roi de l'île de Syros. Tout petit, il avait été enlevé par quelques-uns de ces fameux marins phéniciens, ces rapaces, avec leur mille camelotes dans leur bateau, qui avaient séduit une servante originaire de Sidon. Pour revoir son pays, elle s'était enfuie avec eux, en leur donnant l'enfant dont elle avait la charge : ils gagneraient gros en le vendant comme esclave ! Et c'est ainsi que Laërte, le père d'Ulysse, avait jadis acheté Eumée... Une fois qu'ils sont passés, l'homme prend plaisir même à ses malheurs.

Ils s'endormirent tard. À l'Aurore, Télémaque abordait à la pointe de l'île. Il renvoya ses gens et monta à grands pas chez le noble Eumée. Il trouva les deux hommes debout. Eumée pleura de joie : il avait cru ne plus le revoir. Le fils d'Ulysse entra dans la cabane, et son père allait lui céder sa place sur le banc :

« Reste assis, étranger, nous trouverons un autre siège !... Oncle Eumée, cet hôte que voilà, d'où te vient-il ?

– Je te le remets, il est ton suppliant et se réclame de toi !

– Hélas ! Un hôte, chez moi ? Je crains trop l'insolence des prétendants : que ferais-je, moi, si jeune, s'ils venaient à l'outrager ? Ils sont les plus forts !… Mais, oncle Eumée, va prévenir ma mère de mon retour. Elle seule, personne d'autre, et reviens ! Elle enverra l'intendante le dire à Laërte… »

Aussitôt le porcher enfila ses sandales et partit vers la ville. Alors, Athéna parut aux yeux d'Ulysse. Télémaque ne la voyait pas. Touchant Ulysse de sa baguette d'or, elle lui rendit sa belle allure et sa jeunesse et, le miracle accompli, disparut. Plein de trouble et d'effroi, Télémaque détourna les yeux :

« Serais-tu l'un des dieux, maîtres du large ciel ?

– Je ne suis pas un dieu, je suis ton père.

– Non, tu n'es pas Ulysse ! Un dieu se joue de moi, pour redoubler ensuite mes sanglots…

– Ne sois pas surpris, ni effrayé : mon retour est l'œuvre d'Athéna, la pilleuse. Elle peut tout ! Elle n'a qu'à vouloir… »

Ils pleurèrent enfin longuement dans les bras l'un de l'autre. Et le soleil se serait couché au milieu de leurs larmes, s'ils n'avaient eu à tramer la mort des prétendants.

« Ô père, j'ai entendu vanter ta force et ta prudence… Mais que dis-tu là ? Nous sommes deux, ils sont plusieurs dizaines ! N'as-tu pas un allié qui puisse nous secourir ?

– Athéna et Zeus, cela peut-il suffire, ou bien en faut-il un autre ?

– Ces deux-là sont de bons alliés, mais ils siègent un peu trop haut dans les nuées…

– Tu vas les voir à l'œuvre ! Demain, tu rentreras à la maison. J'arriverai un peu plus tard, avec Eumée. J'aurai repris l'aspect d'un vieux mendiant et mes haillons. Quels que soient les affronts que m'infligent les prétendants, laisse-les faire, ou n'emploie, pour les dissuader, que les mots les plus

*« Athéna
et Zeus, cela
peut-il suffire,
ou bien en
faut-il un
autre ? »*

doux. Ils ne t'écouteront pas, car, pour eux, le jour fatal sera venu. Mais, si tu es bien de mon sang, que personne n'apprenne la présence d'Ulysse, ni Laërte, ni Pénélope elle-même ! »

Tandis qu'ils mettaient ainsi au point leurs projets, un héraut arrivait au palais en même temps qu'Eumée, en annonçant le retour du bateau de Télémaque. Le héraut fut moins discret que le porcher. Il informa la reine en présence de ses femmes, et les prétendants furent aussitôt avertis. Quel trouble dans leurs cœurs : le voyage qu'ils avaient défendu à Télémaque s'était accompli malgré eux ! Il fallait rappeler ceux qui étaient en embuscade dans la passe. Mais, bientôt, on les vit arriver à leur tour, bredouilles. Tous hésitaient : Antinoos proposait une autre tentative pour tuer Télémaque, d'autres voulaient attendre un signe des dieux... Ils restèrent sans rien résoudre.

Au soir, le divin porcher rejoignit Ulysse et son fils. Ils avaient sacrifié un porcelet de l'an, et ils le rôtissaient. Athéna, ayant touché Ulysse de sa baguette, en avait fait de nouveau un vieillard en loques, de peur qu'Eumée ne le reconnaisse et ne puisse pas s'empêcher d'avertir la sage Pénélope. Il raconta en bougonnant la maladresse du héraut ; Télémaque sourit en regardant son père.

« Que l'étranger aille mendier en ville ! »

ULYSSE MENDIANT

13

DÈS que parut l'Aurore aux doigts de rose, Télémaque dit au porcher :

« Oncle Eumée, je rentre en ville. Amènes-y l'étranger, qu'il mendie là-bas ! Je ne puis m'en charger, j'ai déjà trop d'ennuis. »

La nourrice Euryclée, la première, aperçut Télémaque, et ses larmes jaillirent. Pénélope embrassa son enfant en pleurant :

« Tu es revenu, Télémaque, ma douce lumière !... »

Il conta son voyage : Ulysse était vivant, retenu par la nymphe Calypso. Pénélope en fut remuée jusqu'au fond de son cœur. Elle rentra dans ses appartements, faire aux dieux ses prières.

Cependant, Eumée partait avec Ulysse : le

porcher conduisait son seigneur, dans la peau d'un vieux mendiant couvert de loques ! En chemin, Mélanthios, le chevrier, les apostropha grossièrement :

« Le roi des gueux mène un autre gueux ! Où conduis-tu ce parasite ? Je te lui ferais balayer le fumier, moi !... Bien sûr, il ne veut pas travailler : plutôt mendier pour remplir son ventre ! »

En passant, il donna un coup de pied à Ulysse. Celui-ci refréna sa colère, tandis qu'Eumée criait :

« Que le ciel nous ramène Ulysse ! Tu en rabattrais vite !

– Chien enragé !... Que les dieux nous débarrassent du fils comme du père ! »

Il gagna avant eux le palais et s'attabla en face du prétendant Eurymaque, son grand ami.

Au passage d'Ulysse, à l'entrée de la cour, un vieux chien, couché sur le fumier, leva la tête et les oreilles : Argos, le chien qu'il venait juste d'élever pour la chasse, quand il avait fallu partir !... Il essuya en cachette une larme et se détourna pour entrer dans la grand-salle. Mais la mort noire avait saisi Argos qui venait de revoir Ulysse, après vingt ans.

Eumée, entré le premier, s'était attablé en face de Télémaque. Dès qu'Ulysse entra à son tour, Télémaque envoya le porcher lui offrir de la viande et du pain, lui conseillant de quêter de table en table auprès des prétendants. Ulysse fit le tour de la salle, comme un vrai mendiant. Antinoos s'en prit à Eumée qui lui répondit vertement. Imposant le silence à Eumée, Télémaque reprit lui-même :

« Antinoos, il te plaît de manger, mais non d'offrir aux autres ! »

L'autre, furieux, brandit un tabouret pour chasser Ulysse :

« Que chacun lui donne autant que moi, nous en serions débarrassés pour trois mois ! »

Lançant le tabouret, il atteignit le faux mendiant à l'épaule. Ulysse ne broncha pas, mais il roulait la vengeance au gouffre de son cœur. Quand Pénélope apprit que, dans la salle, Antinoos avait frappé un hôte, elle fut indignée : qu'Apollon de son arc d'argent le lui rende, qu'il le tue ! Elle voulut interroger l'étranger : s'il allait savoir quelque chose d'Ulysse ?... Mais il fit répondre par Eumée qu'il craignait les violences des prétendants : mieux valait attendre leur départ ; le soir, on causerait au coin du feu. Et la reine le trouva sage.

Il roulait la vengeance au gouffre de son cœur.

Eumée, son repas fini, retourna à ses porcs. Les prétendants redoublaient d'insolence. Sous les rires, Ulysse dut se prêter à un pugilat avec un autre mendiant qui ne voulait pas de rival ! D'un coup de poing il le mit hors de combat et tous le félicitèrent : il serait leur pauvre attitré ! Mais Pallas Athéna ne mettait pas de trêve à leurs insultes, car elle voulait que le fils de Laërte en soit mordu au cœur.

Les servantes les imitaient. L'une d'entre elles, à deux reprises, le houspilla injurieusement : elle était en amour avec Eurymaque. Le soir venu, pourtant, Télémaque, par quelques mots fermes, envoya tout le monde dormir. Seul le divin Ulysse resta dans la grand-salle à méditer la mort des prétendants. Et Pénélope descendit de sa chambre pour s'entretenir avec lui.

« Étranger, qui es-tu ? de quel peuple ?

– Au milieu de la mer, couleur de vin, il y a une terre belle et grasse, entourée par les vagues : la Crète. Des hommes en nombre infini et quatre-vingt-dix villes ! Parmi elles, Cnossos, la ville de Minos, mon grand-père : je suis le frère le plus jeune du roi Idoménée. Il était déjà parti quand Ulysse, voguant vers Troie, au détour du cap Malée, fut poussé jusque chez nous par la rage des vents. C'est moi qui lui offris l'hospitalité. Douze jours, avec ses Achéens, il attendit un vent favorable… »

Ses mensonges, il leur donnait un air de vérité. Pénélope écoutait, en larmes : elle pleurait son époux qui était là. Ulysse avait pitié d'elle mais ses yeux restaient comme la corne ou le fer : pour sa ruse, il lui fallait cacher ses larmes.

« Donne-moi une preuve : comment était-il habillé ?

– Femme, c'est difficile à dire : tant de temps a passé ! Mais je le revois : un manteau pourpre, que fermait une agrafe d'or... Elle représentait un chien, tenant entre ses pattes un faon moucheté... Une robe fine comme une pelure d'oignon... Les femmes venaient toutes l'admirer ! »

Pénélope sentait augmenter encore son envie de pleurer, car elle reconnaissait les vêtements et l'agrafe qu'elle avait donnés à Ulysse au moment de son départ.

« Ne pleure plus, crois-moi : Ulysse va rentrer ! On me l'a dit, non loin d'ici, et j'ai vu de mes yeux les trésors qu'il rapporte.

– Si c'était vrai, tu serais ici un ami si respecté que chacun vanterait ton bonheur ! Mais il ne reviendra jamais !… Allons, qu'on lave les pieds de notre hôte et qu'on lui dresse un lit !

– Pas de lit ! Je coucherai par terre… Et jamais les servantes que j'ai vues là ne toucheront mes pieds !…

Jamais les servantes que j'ai vues là ne toucheront mes pieds !

– Tu as raison, mon hôte ! Mais il y a une vieille au cœur plein de sagesse : sa nourrice !… Viens, Euryclée !… Il a l'âge de ton maître : Ulysse aurait ces pieds, ces mains : les mortels vieillissent vite dans la misère ! »

Euryclée pleurait sur Ulysse :

« Ulysse, mon enfant, je n'ai rien pu faire pour toi ! Et Zeus t'a refusé le retour !… Notre hôte, j'accepte volontiers de te laver les pieds, car une grande angoisse a levé dans mon cœur : j'ai vu passer beaucoup d'hôtes malheureux, je n'ai jamais vu une telle ressemblance, d'allure, de voix et de pieds, avec Ulysse ! »

Or, à peine à ses pieds pour les laver, la vieille, en les touchant, reconnut la blessure qu'Ulysse avait reçue autrefois d'un sanglier, dans une chasse. Elle laissa retomber le pied dans le chaudron : le bronze retentit, l'eau se renversa. Le bonheur et l'angoisse lui prenaient le cœur :

« C'est toi, Ulysse, mon enfant ! Et je ne t'avais pas reconnu… »

Elle se tournait vers Pénélope, mais Athéna empêcha celle-ci de la voir et Ulysse, l'attirant à lui, la prit à la gorge :

« Nounou, c'est toi qui veux me perdre, toi qui m'as nourri sur ton sein ! Tais-toi ! Que personne d'autre ne sache !… »

Elle promit. Puis elle alla reprendre de l'eau, lui lava les pieds, les parfuma d'huile fine. Pénélope, regagnant son étage, pleura encore son époux jusqu'à ce qu'Athéna lui verse un doux sommeil aux paupières.

Ulysse, alors,
demanda
l'arc.

L'ÉPREUVE DE L'ARC

14

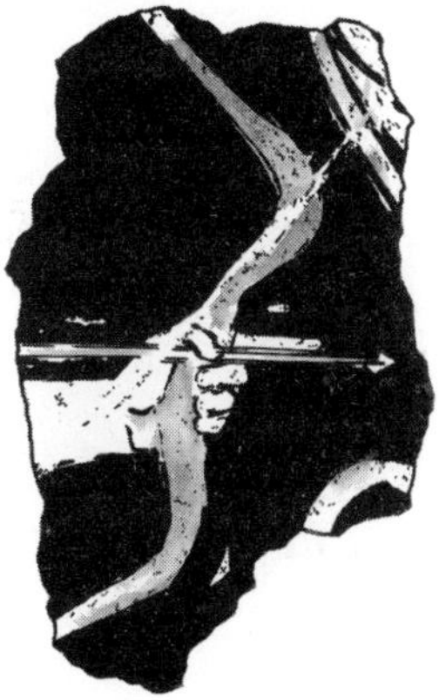

ULYSSE, dans le vestibule, se coucha sur des peaux. Il n'arrivait pas à dormir… Il vit passer des servantes qui allaient à leurs amours avec les prétendants… Athéna lui apparut :

« Pourquoi veiller ? Tu es chez toi, avec ta femme et ton fils !

– Je cherche comment venir à bout de ces bandits.

– Mon pauvre… Je suis déesse : j'y pourvoirai ! Dors… »

Mais, à l'aube, il fut réveillé par les sanglots de Pénélope :

« Fille de Zeus, Artémis, viens me percer le cœur d'une flèche, que je n'aie pas à épouser un homme moins noble qu'Ulysse ! »

Ulysse invoqua Zeus. Aussitôt, celui-ci lança la foudre. Et la voix d'une femme s'éleva dans la maison :

« Zeus, quel coup de tonnerre ! C'est un signe... Écoute aussi ma prière : les prétendants m'ont usée à moudre leur farine ! Fais qu'ils prennent aujourd'hui leur dernier repas ! »

Reste assis, et bois avec nous.

Ulysse, tout joyeux, se dit que sa vengeance était au moulin... Eumée arriva, menant trois cochons gras. Il vint saluer Ulysse. Puis, à son tour, survint Mélanthios :

« Toujours là, l'étranger, pour mendier et embêter le monde ? Pourquoi ne prends-tu pas la porte pour aller voir ailleurs ? »

Philoïtios, le bouvier[1], fit un signe amical à Ulysse :

« Salut, père étranger ! Que la fortune tourne mieux pour toi, si, pour l'instant, ça

1. Bouvier, *n. m.* : celui qui garde des bovins, c'est-à-dire des bœufs ou des vaches (voir pâtre, p. 114).

va mal !... À te voir, mes yeux se sont emplis de larmes : j'imaginais Ulysse, sous des haillons comme les tiens, en train de courir par le monde... s'il vit encore !

– Bouvier, tu as le cœur sage ! Reste ici, tu y verras Ulysse, et, si tu veux, la mort des prétendants qui y font la loi !

– Ah, ça, étranger, que le Fils de Cronos l'accomplisse ! Tu verrais quelle est ma force et comment j'y mettrais la main ! »

Les prétendants servaient eux-mêmes, car les hérauts, ce jour-là, menaient une hécatombe vers le bois d'Apollon. Eumée, Philoïtios et Mélanthios aidaient. Près du seuil, Télémaque avait mis pour Ulysse une table et un siège modestes. Il lui dit :

« Reste assis, maintenant, et bois avec nous. C'est moi qui te protégerai des insultes ! Cette maison n'est pas une place publique ! C'est la maison d'Ulysse, et j'en suis l'héritier ! »

Les prétendants se mordaient les lèvres que Télémaque ose parler sur ce ton, mais ils ne tentaient rien contre lui, car les présages[1] leur étaient défavorables. Et, suivant l'ordre du jeune homme, ceux qui servaient donnaient à Ulysse une part égale à la leur.

Or, Athéna mit dans l'esprit de Pénélope une épreuve pour les prétendants. Tout au fond des réserves, avec l'or, le bronze et le fer travaillé, se trouvaient le grand arc à la brusque détente et le carquois de flèches. Pénélope les décrocha en pleurant à grands cris. Mais, rassasiée de larmes, elle revint dans la grand-salle. Ses femmes, dans un coffre, portaient les fers de haches.

« C'est le grand arc d'Ulysse : celui qui le tendrait et enverrait sa flèche à travers douze fers de haches alignés, lui, je le suivrais, quittant cette maison de ma jeunesse, si belle, si bien pourvue, et que je n'oublierai jamais ! »

---

1. Présage, *n. m.* : événement quelconque, auquel on attribue la valeur d'un signe magique indiquant qu'une entreprise va bien ou mal tourner.

Télémaque, le premier, voulut tenter l'épreuve :

« Si j'en venais à bout, ma mère ne quitterait ni la maison ni moi, je serais l'égal de mon père !… »

Rejetant son manteau, il disposa tout, et, debout sur le seuil, trois fois il essaya de tendre l'arc. Trois fois il échoua. Il aurait peut-être réussi à la quatrième, mais Ulysse l'arrêta d'un geste. Alors, ils essayèrent tous, chacun à leur tour, en vain. Ils avaient beau chauffer l'arc, le graisser, pour l'assouplir, aucun ne parvenait même à le tendre ! Eumée et Philoïtios, cependant, allaient partir. Ulysse les suivit et les rappela doucement :

« Si Ulysse venait à rentrer brusquement, seriez-vous pour les prétendants, ou pour Ulysse ?… »

Tous deux, sans hésiter, invoquèrent les dieux pour Ulysse.

« Il est ici : c'est moi ! Vous seuls, parmi mes serviteurs, souhaitez à haute voix mon retour ! Si un dieu m'accorde la vengeance, à chacun de vous je donne une épouse, des biens, une maison et vous serez pour moi les frères de Télémaque ! »

Il montra la cicatrice de sa jambe : ils tombèrent dans ses bras en pleurant de joie. Mais il les arrêta, craignant qu'on ne les observe, et leur donna ses instructions… Puis il alla reprendre sa place dans la salle. Eurymaque, l'avant-dernier, n'arrivait pas non plus à tendre l'arc, et son cœur éclatait. Antinoos intervint :

« Comment tirer à l'arc aujourd'hui, le jour de la fête d'Apollon ? Remettons à demain !… »

Tous approuvèrent. Ulysse, alors, demanda l'arc. Ce fut un beau tollé ! Tous le couvraient d'injures… Pénélope prit la parole :

« Craignez-vous qu'il m'épouse ?… Il n'a jamais eu cette pensée ! Donnez-lui l'arc : s'il réussit, il aura des habits neufs, et une épée. Je le ferai conduire où il voudra… »

Posément, Télémaque la regarda et dit :

« Ma mère, personne parmi les Achéens ne peut donner ou refuser cet arc, sauf moi ! Personne ne me contraindra, même si je voulais donner cet arc une fois pour toutes à notre hôte, et qu'il l'emporte… Mais rentre dans tes appartements, et veille à tes travaux. L'arc est affaire d'hommes : tous, et surtout moi, qui suis le maître, ici ! »

Pénélope, troublée, rentra dans ses appartements pour y pleurer. Le porcher porta l'arc à Ulysse sous les huées des prétendants :

« Vieux fou, que tes chiens te mangent, si Apollon nous écoute ! »

Ayant remis l'arc à Ulysse, il alla trouver Euryclée :

« Ferme les portes des appartements privés. Si vous entendez des cris ou des coups dans la salle, ne sortez pas ! Pas un mot ! »

En silence, Philoïtios alla fermer les portes de la cour. Il attacha les barres d'un nœud solide et revint s'asseoir, les yeux sur Ulysse.

Vieux fou, que tes chiens te mangent, si Apollon nous écoute !

Celui-ci tournait et retournait l'arc dans ses mains – pas de vers dans la corne ? – tandis que les prétendants se moquaient. Soudain, comme un chanteur, qui sait manier la cithare, tend sans peine une corde neuve et la fixe à chaque extrémité, Ulysse tendit le grand arc. De sa main droite il fit vibrer la corde qui chanta haut et clair comme le cri d'une hirondelle.

Ce fut l'angoisse pour les prétendants : ils changeaient de couleur. Zeus lança la foudre, et Ulysse l'Endurant se réjouit : il comprenait le présage. Alors, il prit la flèche posée sur la table, l'ajusta à la corde, et, sans quitter son siège, il tira droit au but : la flèche franchit tous les trous des haches alignées. Il dit :

« Télémaque, l'hôte assis dans ton palais ne te fait pas honte ! Ma force est encore intacte, malgré les injures des prétendants ! Maintenant, il est temps de servir à souper aux Achéens. Ensuite viendront le chant et la cithare, c'est le charme d'un festin ! »

Il fit un signe des sourcils : Télémaque, le fils du divin Ulysse, passa le baudrier de son épée autour de son épaule, et il saisit sa lance.

La flèche
traversa
la gorge
et la nuque.

LE MASSACRE DES PRÉTENDANTS 15

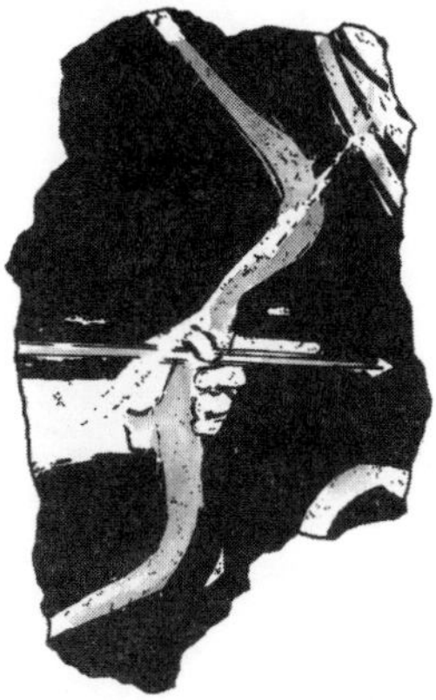

ULYSSE, alors, jeta ses loques et sauta sur le grand seuil. Il vida le carquois devant lui, à ses pieds :

« Qu'Apollon m'accorde une autre cible ! »

Il tira sur Antinoos. La flèche traversa la gorge et la nuque. Le sang jaillissait des narines. Il s'écroula : ses pieds renversèrent la table, faisant rouler à terre les viandes et le pain, dans la poussière…

« Ah, chiens !… Vous ne vous attendiez plus à mon retour ! Vous tondiez mes domaines, vous faisiez la cour à ma femme, moi vivant !… Maintenant vous voilà tous arrivés à votre perte ! »

Il dit. Tous, une peur verte les saisit. Eurymaque répondit :

« Si tu es Ulysse d'Ithaque qui revient, c'est vrai : les Achéens ont fait chez toi des choses insensées ! Mais le coupable est là, mort : c'est Antinoos ! Il voulait régner sur Ithaque, et il aurait tué ton fils ! Puisque le destin l'a puni, épargne tes sujets ! Nous trouverons, en or ou en bronze, de quoi te rembourser ce qui a été bu et dévoré !

– Eurymaque, tout votre patrimoine, tout ce que vous avez, et même davantage, ne suffirait pas à détourner mes mains du meurtre et de la vengeance ! Pas un seul n'y échappera ! »

Leurs genoux et leurs cœurs se dérobaient. Eurymaque reprit :

« Amis, vous l'entendez ? Allons, l'épée haute ! Prenons les tables comme boucliers, et chassons-le du seuil !... »

Avec un cri sauvage, il brandit son épée. Mais Ulysse tira : la flèche se planta dans le foie, Eurymaque s'abattit. Amphinomos, à son tour s'élança. Télémaque lui planta sa lance dans le dos, le fer sortit par la poitrine :

on entendit son front contre le sol. Télémaque, en deux bonds, rejoignit Ulysse :

« Père, je vais chercher des armes !

– Cours, tant que j'ai des flèches !... »

Il rapporta des boucliers, quatre paires de piques et des casques de bronze. Il s'arma le premier, puis les deux serviteurs : Eumée et le bouvier. Ils entourèrent Ulysse. Lui, tant qu'il eut des flèches, il tira, abattant à chaque fois son homme. Puis il revêtit ses armes et saisit deux solides piques à la pointe de bronze.

Dans la confusion, Mélanthios se faufila jusqu'aux réserves. Il en rapporta douze armures pour les prétendants. Quand Ulysse les vit couverts de bronze, ses genoux et son cœur défaillirent :

« Télémaque, c'est l'une des servantes... à moins que Mélanthios...

– Père, c'est ma faute, je n'ai pas refermé les portes ! »

Eumée alla voir : Mélanthios, en effet, était dans les réserves !

« Télémaque et moi tâcherons de tenir seuls ici ! Vous deux, allez-y et tombez-lui dessus, ligotez-le et fermez les portes : je veux qu'il subisse vivant de longues et terribles souffrances ! »

Mélanthios rapportait d'autres armes quand ils l'attrapèrent. Ligoté à mort, ils le suspendirent à une colonne, au ras du plafond :

Ils visaient bien, mais Athéna détourna les coups.

« Te voilà bien, maintenant ! N'oublie pas, dès l'Aurore, d'amener des chèvres pour le festin des prétendants ! »

Le laissant là, pendu, ils rejoignirent Ulysse. Les prétendants s'alignèrent, pour lancer leurs javelines. Ils visaient bien, mais Athéna détourna les coups. Ulysse encouragea sa troupe :

« Tirons dans le tas ! »

Et leurs quatre javelines tuèrent quatre hommes. Ils coururent les retirer des corps. Au second tir des prétendants, Télémaque et Eumée furent égratignés ; mais les autres javelots se plantèrent dans les boiseries. Autour d'Ulysse on s'élança en avant et, de nouveau, quatre prétendants s'écroulèrent... À la fin, Liodès supplia Ulysse :

« Je suis à tes genoux, Ulysse, épargne-moi ! J'essayais de raisonner les autres... ils ne m'écoutaient pas : ils ont mérité leur sort ! Moi, je n'étais que leur prêtre !

– Tu étais leur prêtre !... Alors, tu devais souvent prier pour me priver de la douceur du retour !... Pas de pitié ! À mort ! »

Il ramassa une épée et la lui plongea dans le cou. L'aède Phémios, posant sa cithare sur un fauteuil, supplia Ulysse :

« Je suis à tes genoux, Ulysse, épargne-moi : tu aurais du remords d'avoir tué l'aède !... C'est un dieu qui m'inspire et je puis te chanter comme un dieu !... Résiste à l'envie de me couper la gorge ! Demande à Télémaque : les prétendants étaient nombreux et puissants, ils me forçaient à chanter pour eux... »

Ulysse, épargne-moi : tu aurais des remords d'avoir tué l'aède !

Télémaque l'entendit et accourut :

« Arrête, ne tue pas cet innocent ! Et sauvons aussi le héraut Médon : il a toujours pris soin de moi, quand j'étais enfant. Pourvu que Philoïtios ou le porcher ne l'aient pas tué, ou qu'il ne se soit pas trouvé sur ton chemin ! »

Médon, caché sous un fauteuil et une peau de bœuf étendue en travers, avait évité la mort noire. Quand il entendit Télémaque, il vint se jeter à ses pieds :

« Cher petit, je suis là !... Épargne-moi et dis à ton père d'en faire autant, malgré sa juste colère contre les prétendants... »

Le subtil Ulysse eut un sourire et dit :

« N'aie pas peur, tu es tiré d'affaire : il t'a sauvé ! Mais allez vous asseoir dans la cour, l'aède et toi, loin du sang, tandis que je fais ici ce qu'il faut ! »

Il regardait s'il n'y avait plus de survivant, caché pour éviter la mort. Il les vit tous, dans le sang et la poussière, serrés comme des poissons dans un filet que les pêcheurs ont tiré de la mer sur la grève : ils regrettent les vagues salées, et sur le sable ils sont en tas. C'est ainsi que les prétendants gisaient les uns par-dessus les autres, en tas.

Ulysse fit appeler Euryclée. En le voyant debout, sanglant, parmi les morts, elle allait pousser des you-yous[1] de triomphe. Il l'arrêta :

1. You-yous, *n. m. pl.* : cris rituels de joie, de douleur ou de deuil, poussés, dans les grandes circonstances, par les femmes, dans les civilisations traditionnelles du bassin méditerranéen. En grec, il s'appelle *ololughê* ; il n'y a aucune raison de l'imaginer différent des you-yous des femmes d'Afrique du Nord.

*Il les vit tous,
dans le sang et
la poussière...*

« Réjouis-toi, vieille, mais silence : pas de you-yous ! Il est impie de se glorifier d'un massacre. Ce sont les dieux et leurs crimes qui les ont tués !... Mais toi, parmi les femmes, dis-moi celles qui me déshonorent et celles qui sont fidèles.

– Mon enfant, sur cinquante, il y avait douze impudentes, qui n'avaient de respect ni pour moi ni pour Pénélope elle-même !... Mais laisse-moi prévenir Pénélope : un dieu l'a endormie.

– Non, pas encore ! Envoie ici ces femmes impudentes... »

Elles poussaient des cris affreux, versaient des flots de larmes. Il leur fit emporter les cadavres et lessiver les tables et les fauteuils. Télémaque, Eumée et le bouvier raclèrent le sol à la pelle : elles portaient la boue dehors. Et quand tout fut en ordre, Ulysse les fit mettre à mort. Dans la cour, ils tendirent un câble de navire, et ils les y pendirent, comme des grives, les têtes alignées, un lacet autour du cou, pour qu'elles aient une mort atroce ; leurs pieds s'agitaient un peu, mais pas beaucoup.

À Mélanthios, d'un cœur féroce, ils coupèrent d'abord le nez et les oreilles, puis les pieds et les mains. Et, après s'être lavés, ils rentrèrent : le travail était achevé.

Euryclée voulut apporter des vêtements à Ulysse, mais :

« Du feu, maintenant, dans la salle !… et du soufre ! »

Il purifia tout au soufre. La vieille apporta la nouvelle aux autres femmes : elles vinrent toutes embrasser Ulysse et lui faire fête. Et lui, l'envie de sangloter le prenait, car son cœur les reconnaissait toutes.

« Pourquoi
te moquer
de moi et de
mes peines ? »

PÉNÉLOPE 16

LA vieille Euryclée, en riant tout haut, monta dire à sa maîtresse que l'époux était là ! Ses genoux bondissaient, ses pieds sautaient les marches. Elle s'arrêta à son chevet et lui dit :

« Lève-toi, Pénélope ! Viens voir de tes yeux ce que tu as désiré jour après jour : Ulysse est revenu, il est dans la maison, après si longtemps !... Il a tué les prétendants !

– Nounou, les dieux t'ont rendue folle ! Pourquoi te moquer de moi et de mes peines ? Pourquoi me tirer d'un sommeil tranquille pour me dire des sottises ? Je n'ai jamais si bien dormi depuis qu'Ulysse est parti vers cette Ilion de malheur ! Redescends ! Retourne dans la salle ! Une autre, je la renverrais du palais... Toi, ta vieillesse est ton excuse !

– Je ne me moque pas de toi, mon enfant ! Ulysse est revenu : c'est l'étranger que tous humiliaient ! Télémaque le savait depuis longtemps, mais il a gardé à son père le secret, pour qu'il punisse l'arrogance de ces bandits. »

Sautant de joie, Pénélope prit la vieille dans ses bras et, les yeux pleins de larmes, lui fit raconter…

« Il m'a envoyée t'appeler : suis-moi !

– Nounou, ne ris pas comme ça ! Quel bonheur ce serait !… C'est impossible !… Si les prétendants sont morts, c'est qu'un dieu est venu les punir, mais Ulysse, lui, est perdu.

– Mon enfant, quel mot s'est échappé de l'enclos de tes dents ? Il est là, à son foyer, et tu dis qu'il ne rentrera pas ? Ton cœur est toujours incrédule ! Je vais te donner une preuve : la cicatrice ! Je l'avais vue en le lavant ! Mais il m'a prise à la gorge… Ah, suis-moi donc !…

– Nounou, il est difficile de tirer son épingle du jeu des dieux… Mais, quoi qu'il en soit, allons rejoindre mon fils, que je voie les prétendants morts, et qui les a tués. »

Elle descendit, l'âme pleine de trouble : allait-elle interroger de loin son époux ou l'embrasser ? Elle s'assit en face d'Ulysse, dans la lueur du feu. Les yeux baissés, il attendait qu'elle parle. Mais elle resta longtemps silencieuse, la stupeur faisait à son cœur un tombeau. Télémaque se mit en colère :

« Mère, méchante, quelle cruauté ! Tu ne t'assieds pas près de lui ? Tu ne lui parles pas ?... Il a souffert mille maux, il revient après vingt ans, et ton cœur est plus dur qu'une pierre !

– Mon enfant, si c'est vraiment Ulysse qui revient, nous nous reconnaîtrons, lui et moi, pour le mieux : nous avons ensemble des secrets que les autres ne savent pas. »

Il est difficile de tirer son épingle du jeu des dieux !

Ulysse eut un sourire :

« Télémaque, laisse ta mère m'éprouver : ce sont mes haillons qu'elle méprise... Mais nous, veillons à tout ! Souvent, pour un seul homme tué, il faut fuir… Or, nous avons tué la plus noble jeunesse d'Ithaque : qu'en penses-tu, dis-moi ?

– À toi de voir toi-même, père, on dit que tu es le plus subtil des mortels !

Dansez, qu'on dise : « C'est la noce ! »

– Eh bien, d'abord, allez au bain, changez de vêtements, et puis, entraînés par l'aède, dansez, qu'on dise : “ C'est la noce ! ” Il faut que la mort des seigneurs prétendants ne soit connue en ville que quand nous aurons pris la clef des champs ! »

Ils obéirent et, le divin chanteur ayant pris sa cithare, bientôt le palais résonna de pas de danse. Au-dehors on disait :

« Quelqu'un l'épouse donc, cette reine si demandée ! Elle n'a pas su rester jusqu'au bout dans la grande maison de son premier époux, attendant qu'il revienne !… »

Ils parlaient sans savoir : Ulysse, dans sa maison, l'intendante Eurynomé le lavait, le frottait d'huile, l'habillait d'une robe et d'une belle écharpe, et, sur sa tête, Athéna répandait la beauté. Il revint s'asseoir en face de son épouse :

« Malheureuse, jamais les habitants de l'Olympe n'ont mis dans une faible femme un cœur plus dur !… Nounou, fais-moi un lit, que je m'y couche seul : elle a un cœur de fer ! »

La plus sage des femmes, Pénélope, lui répondit :

« Malheureux, je ne te prends pas de haut, je n'ai pas de mépris, je sais bien ce que tu étais quand tu es parti d'Ithaque sur un navire aux longues rames… Eh bien, Euryclée, va dans notre chambre, monter le lit bien ajusté, celui qu'il avait fabriqué de ses mains : monte-le et fais-le, matelas, draps et couvertures… »

Elle dit. Elle éprouvait son époux. Mais Ulysse s'irrita contre elle, sans comprendre sa sagesse :

« Ô femme, ce que tu dis là me tord le cœur : qui donc a déplacé mon lit ? Ce n'était pas facile sans l'aide d'un dieu ! Il y avait un secret dans sa fabrication : je l'avais fait moi-même, sans personne ! Il y avait un olivier au feuillage épais, à l'intérieur de l'enceinte. J'avais construit autour les murs de notre chambre. Et puis, après avoir mis une porte bien close, c'est alors seulement que j'avais ébranché l'olivier et que j'avais pris son tronc pour montant : j'y avais chevillé notre lit !... Voilà une preuve !... Est-ce que notre lit est toujours là, ou quelqu'un l'a-t-il déplacé, en coupant le tronc de l'olivier ? »

À ces mots, elle sentit se dérober son cœur et ses genoux : elle reconnaissait le signe irréfutable que lui donnait Ulysse. En pleurs, elle se jeta dans ses bras :

« Ne sois pas en colère contre moi, Ulysse ! Ce sont les dieux qui nous ont empêchés de jouir de notre jeunesse l'un près de l'autre et d'arriver ensemble au seuil de l'âge. N'aie pas d'amertume ni de rancune si je ne t'ai pas ouvert mes bras dès que je t'ai vu : j'avais toujours la crainte dans le cœur qu'un homme

Elle sentit se dérober son cœur et ses genoux.

vienne me tromper avec de belles paroles. Mais, cette fois, la preuve est sans réplique : notre lit… aucun autre mortel ne l'a vu ! Seulement toi et moi, et la chambrière que m'avait donnée mon père. Tu persuades mon cœur, malgré sa cruauté ! »

Il sentait croître encore en lui le besoin des sanglots : il tenait dans ses bras l'épouse de son cœur, elle était sage et fidèle !

L'Aurore aux doigts de rose les aurait encore trouvés en pleurs… Mais la déesse Athéna aux yeux brillants allongea la nuit étendue sur le monde, et retint l'Aurore au trône d'or au bord de l'Océan.

« Ô femme, nous ne sommes pas au bout de toutes les épreuves ! »

Ulysse expliqua la prophétie de Tirésias : partir encore, et puis une longue vieillesse au milieu de peuples heureux…

Et Pénélope :

« Que les dieux nous réservent une vieillesse meilleure ou troublée, désormais nous avons au moins l'espérance d'une issue à nos malheurs. »

Tandis qu'ils parlaient, Eurynomé et la nourrice leur préparaient le lit, à la lueur des torches. Eurynomé leur fit cortège, torche en main, pour gagner leur chambre. Arrivée au seuil, elle se retira. Et eux, tout au bonheur de leur lit d'autrefois, ils en retrouvèrent les rites.

Table des matières

Petit dictionnaire de l'*Odyssée*

Achéens : dans l'*Iliade* et dans l'*Odyssée*, ce nom désigne les Grecs en général. Ils sont aussi appelés Danaens ou Argiens.

Achille : souvent appelé, dans l'*Iliade*, « Achille aux pieds rapides », à cause de sa vitesse à la course, il est le fils d'un roi thessalien, Pélée, et de Thétis, une divinité marine ; c'est le guerrier le plus vaillant parmi les Achéens qui assiègent Troie.

Agamemnon : fils d'Atrée, et frère de Ménélas, il est le général en chef de l'expédition achéenne contre Troie. Au début de la guerre, il a offert sa fille Iphigénie en sacrifice à la déesse Artémis pour obtenir un vent favorable au départ de la flotte. Son épouse Clytemnestre ne le lui a jamais pardonné, et, à son retour de la guerre de Troie, elle l'assassine avec l'aide d'Égisthe, son amant.

Aïaïé : pays de Circé (voir la carte).

Ajax, fils d'Oïlée : prince de Locres, en Grèce centrale.

Ajax, fils de Télamon (« le grand Ajax ») : après la prise de Troie et la mort d'Achille, la mère de celui-ci, la divinité marine Thétis, décida que ses armes, qui étaient l'œuvre du dieu Héphaïstos, reviendraient au plus vaillant des

Achéens. Ulysse et Ajax se trouvèrent en compétition ; et, pour les départager, on demanda aux captifs troyens de dire lequel des deux leur avait fait le plus de mal. Ils désignèrent Ulysse. Ajax, rendu fou par le dépit, se suicida.

ALKINOOS : roi des Phéaciens ; père de Nausikaa, il accueille Ulysse après son dernier naufrage.

ANTICLÉE : mère d'Ulysse ; elle meurt de chagrin de ne pas le voir revenir ; il la rencontre aux enfers.

ANTILOQUE : personnage de l'*Iliade* ; fils de Nestor, il est tué devant Troie.

ANTINOOS : le plus insolent des prétendants qui voudraient épouser Pénélope.

APOLLON : dieu du soleil ; également appelé Phoïbos, « le brillant ». Il est le frère d'Artémis-Phoïbê, déesse de la lune.

ARGIENS : habitants d'Argos. Dans l'*Iliade* et dans l'*Odyssée*, ce nom désigne les Achéens en général.

ARGOS : ville du Péloponnèse ; Agamemnon est roi d'Argos.

ARGOS : chien d'Ulysse ; très vieux, il reconnaît son maître à son retour, et meurt aussitôt après.

ARTÉMIS (Diane chez les Latins) : Déesse de la chasse, et, sous le nom de Phoïbê, « la brillante », de la lune : c'est la sœur de Phoïbos-Apollon, le dieu du soleil.

ATHÉNA (Minerve chez les Latins) : quelquefois surnommée « la Vierge aux yeux brillants » et « la pilleuse », c'est la déesse de l'intelligence et de la raison, mais aussi de la ruse ; dans l'*Iliade* et dans l'*Odyssée*, elle est l'amie et la protectrice d'Ulysse, car il est le plus malin des Grecs. Elle est, par ailleurs, la patronne de la ville d'Athènes, qui lui doit son nom.

ATRÉE : père d'Agamemnon et de Ménélas, il haïssait son frère Thyeste, à qui il fit manger ses enfants à son insu. Il donne son nom à la famille des Atrides, « les fils d'Atrée », dans laquelle se succéderont les crimes sanglants.

ATRIDES : « fils d'Atrée » au sens large ; dans l'*Iliade* et dans l'*Odyssée*, Agamemnon et Ménélas.

AURORE (L') : toujours « aux doigts de rose », « au trône d'or » ou « à la robe de safran », à cause des couleurs du ciel au lever du soleil.

CALYPSO : nymphe ; elle habite au bout du monde ; elle recueille Ulysse après un naufrage, et le retient auprès d'elle.

CASSANDRE : fille de Priam, le roi de Troie, elle a reçu d'Apollon le don de prédire l'avenir ; mais, pour la punir de s'être refusée à lui, le dieu a décidé qu'elle ne serait jamais crue de personne. C'est donc toujours en vain qu'elle annonce les malheurs à venir. Après la prise de la ville par les Grecs, elle est la captive d'Agamemnon ; elle meurt assassinée en même temps que lui par Clytemnestre et Égisthe.

CHARYBDE : tourbillon monstrueux, sur la rive sicilienne, à l'extrémité nord du détroit de Messine, il avale et recrache alternativement les flots, engloutissant les bateaux.

CIRCÉ : magicienne qui transforme en porcs les compagnons d'Ulysse. Grâce à l'aide du dieu Hermès, Ulysse échappe au maléfice et sauve ses hommes ; il séjourne un an chez elle.

CLYTEMNESTRE : femme d'Agamemnon (voir ce nom).

CNOSSOS : ville de Crète. On peut encore y voir de nos jours les vestiges superposés de somptueux palais minoens (antérieurs aux Grecs) et mycéniens (grecs).

CRÈTE : grande île, qui ferme la mer Égée au sud.

CRONOS : c'était le dieu suprême, mais il a été détrôné par son fils Zeus, qui a pris sa place.

CYCLOPES : personnages mythologiques ; géants monstrueux, avec un seul œil au milieu du front. Selon Victor Bérard, il s'agirait d'une personnification des volcans, et leur pays se situerait dans l'actuel golfe de Naples.

CYTHÈRE : île où se trouvait un important sanctuaire d'Aphrodite, déesse de la beauté et de l'amour. Elle est située au sud du Péloponnèse, face au cap Malée (voir ce nom).

CYTHÉRÉE : la déesse de Cythère, Aphrodite.

DANAENS : voir *Achéens.*

DÉLOS : île de la mer Égée, consacrée à Lêtô et à ses enfants, Apollon et Artémis.

DÉMODOCOS : l'aède qui chante la guerre de Troie, chez Alkinoos, roi des Phéaciens.

DODONE : ville du nord-ouest de la Grèce. Zeus y rendait les oracles à travers le bruissement des feuilles des chênes de son sanctuaire.

DOULICHION : une des îles qui faisaient partie du royaume d'Ulysse.

ÉGISTHE : voir *Agamemnon.*

ÉGYPTE : le même pays que de nos jours, une terre de légende pour les anciens Grecs.

ÉOLE : dieu secondaire, maître des vents.

ÉRÈBE : les ténèbres infernales.

ÉTHIOPIENS : « hommes à la face brûlée », habitants de l'Éthiopie.

EUMÉE : porcher d'Ulysse.

EURYCLÉE : autrefois nourrice d'Ulysse, elle est devenue l'une des intendantes du palais.

EURYMAQUE : l'un des principaux prétendants.

HADÈS (Pluton chez les Latins) : dieu des enfers, le séjour des morts. Son nom désigne aussi ce lieu mythique lui-même : on disait que les morts étaient *chez* Hadès, ou *dans* l'Hadès.

HÉLÈNE : personnage mythologique, épouse du roi de Sparte Ménélas, dont l'enlèvement par le Troyen Pâris fut la cause de la guerre de Troie.

HÉRA (Junon chez les Latins) : épouse de Zeus, déesse du mariage.

HERMÈS (Mercure chez les Latins) : messager des dieux, et, avant tout, de Zeus, il est lui-même le dieu des commerçants et des voleurs. En tant que messager, il est porteur d'une baguette d'or, emblème du héraut ; et il porte des sandales ailées et un chapeau de voyage.

IDOMÉNÉE : roi achéen de Crète (voir ce nom), il prend part à la guerre de Troie.

ÎLE DU SOLEIL : selon la plupart des commentateurs, il s'agit de la Sicile.

ILION : autre nom de la ville de Troie ; c'est lui qui explique le titre de l'*Iliade*.

ITHAQUE : île qui est le centre du royaume d'Ulysse. Elle était voisine de Céphalonie, à l'ouest de la Grèce. De nos jours, une île grecque porte son nom, bien que certains savants considèrent que le royaume d'Ulysse devait plutôt se situer à Leucade, une autre île, plus au nord.

KIKONES : peuple de Thrace, la région située au nord de la mer Égée. C'est chez eux qu'Ulysse fait sa première escale après avoir quitté Troie. Ses compagnons et lui s'y conduisent en pirates, conformément aux coutumes de l'époque.

LACÉDÉMONE: voir *Sparte*.

LAËRTE : père d'Ulysse. Il lui a cédé la royauté, et il vit retiré sur un domaine campagnard. Ulysse est souvent nommé « fils de Laërte ».

LESTRYGONS : dans l'*Odyssée*, peuple féroce qui massacre et dévore les étrangers. Victor Bérard les situe au nord de la Sardaigne.

MALÉE (CAP) : le plus oriental des trois caps, au sud du Péloponnèse. Les « aventures » d'Ulysse commencent là, quand la tempête empêche sa flotte de s'engager dans le détroit, ce qui serait la route normale vers Ithaque.

MARATHON : Bourg de l'Attique, à 42,195 km d'Athènes, célèbre pour la victoire que les Athéniens et leurs alliés les Platéens y remportèrent sur les Perses (ou Mèdes), lors de la première guerre médique, en 490 av. J.-C. Le soldat qui courut porter à Athènes la nouvelle de la victoire mourut d'épuisement peu après son arrivée. C'est en souvenir de lui qu'il y a, de nos jours encore, dans les jeux Olympiques, une course à pied de 42,195 km qui porte le nom de « marathon ».

MÉDON : personnage qui occupe les fonctions de héraut dans le palais d'Ulysse, à Ithaque. Lors du massacre des prétendants, Ulysse l'épargne à la demande de Télémaque, en même temps que l'aède Phémios.

MÉLANTHIOS : chevrier d'Ulysse, partisan des prétendants contre son maître.

MÉNÉLAS : roi de Sparte, époux d'Hélène ; c'est son frère Agamemnon qui est commandant en chef de l'expédition achéenne contre Troie.

MENTOR : vieillard d'Ithaque, ami d'Ulysse, dont Athéna prend les traits pour accompagner Télémaque à Pylos, chez Nestor.

MINOS : roi légendaire de la Crète.

MUSES : divinités qui président aux activités intellectuelles et artistiques, en particulier à la *musique* (« art des Muses »), et à la poésie, en inspirant l'aède. Elles sont filles de Zeus et de la déesse Mémoire. À l'époque classique, la mythologie compte neuf Muses. L'*Iliade* et l'*Odyssée* commencent toutes deux par une prière à « la » Muse, au singulier, peut-être Calliope, puisque c'est elle qui fut considérée par la suite comme la patronne de la poésie épique.

MYCÈNES : ville du Péloponnèse, non loin d'Argos, où l'on a retrouvé certains des vestiges les plus significatifs de la civilisation qui fut florissante en Grèce entre le XVIe et le XIIe siècle av. J.-C., et qui a reçu, pour cette raison, le nom de « mycénienne » ; sa langue était le grec mycénien. Les Achéens de l'*Iliade* et de l'*Odyssée* appartenaient sans doute, dans l'imagination du poète, à cette civilisation. Mais le déchiffrement du mycénien et les découvertes archéologiques donnent à penser que, le plus souvent, le poète décrit en réalité, sans le savoir, des objets et des pratiques d'une époque plus récente, les Xe et IXe siècles av. J.-C.

NAUSIKAA : la fille d'Alkinoos, le roi des Phéaciens, et de son épouse Arètè.

NESTOR : roi de Pylos, sur la côte ouest du Péloponnèse.

OCÉAN : dans la mythologie, fleuve qui entoure la terre. Les Anciens, considérant le détroit de Gibraltar comme le bout du monde, appelèrent « Océan » la mer qu'ils voyaient au-delà.

OLYMPE : montagne de Thessalie ; dans la mythologie, c'est le séjour de certains grands dieux, comme

Zeus, que l'on appelait donc les « Olympiens ».

ORESTE : fils d'Agamemnon et de Clytemnestre, il assassine sa mère pour venger son père (voir *Agamemnon*).

PALLAS : autre nom de la déesse Athéna. Les deux noms sont souvent associés : Pallas Athéna.

PATROCLE : personnage de l'*Iliade ;* ami d'Achille, il prend sa place au combat, et il est tué par le prince troyen Hector.

PÉLÉE : roi de Phthie, en Thessalie, père d'Achille, qui est souvent appelé Péléide, c'est-à-dire « fils de Pélée ».

PÉLOPONNÈSE : mot à mot, « île de Pélops », un héros légendaire. C'est la grande presqu'île du sud-ouest de la Grèce, qui est rattachée au continent par l'isthme de Corinthe.

PERSÉPHONE (Proserpine chez les Latins) : déesse des enfers, où elle est l'épouse du dieu Hadès.

PHAROS : îlot rocheux, face à la ville d'Alexandrie, en Égypte. Après la conquête de l'Égypte par Alexandre, l'îlot fut rattaché au continent par une digue, et l'on y construisit, pour guider les bateaux vers le port, une tour de signalisation maritime au sommet de laquelle on allumait un feu à la tombée de la nuit : le *Phare*. Le nom propre est ensuite devenu un nom commun.

PHÉACIE : le pays des Phéaciens, identifié avec l'île de Corfou, au nord-ouest de la Grèce.

PHÉACIENS : le peuple sur lequel règne Alkinoos. Ce sont des passeurs.

PHÉMIOS : l'aède qui exerce son art dans le palais d'Ulysse, à Ithaque. Lors du massacre des prétendants, Ulysse l'épargne à la demande de

Télémaque, en même temps que le héraut Médon.

PHÉNICIE : pays des Phéniciens.

PHÉNICIENS : nom grec des Cananéens ; il signifie probablement « au teint basané ». Les deux principales villes phéniciennes étaient Tyr et Sidon, aujourd'hui Sour et Saïda, au Liban.

PHILOÏTIOS : bouvier d'Ulysse, il l'aide à massacrer les prétendants.

POLYPHÈME : cyclope aveuglé par Ulysse ; c'est le fils du dieu de la mer, Poséidon.

POSÉIDON (Neptune chez les Latins) : dieu de la mer et des eaux, mais aussi de la surface de la terre, qu'il fait trembler en la frappant de son trident. Il est le frère de Zeus, le roi des dieux, dont le domaine est le ciel lumineux ou orageux, et d'Hadès, dieu des morts, dont le domaine est le monde souterrain.

PROTÉE : dieu marin secondaire ; il a le don de double vue, mais il n'aime pas renseigner les mortels ; il se métamorphose de toutes les façons possibles pour échapper à leurs questions. Dans l'*Odyssée*, Ménélas réussit pourtant à l'interroger.

PYLOS : ville de Nestor, sur la côte ouest du Péloponnèse, au bord d'une rade exceptionnelle.

PRIAM : roi de Troie ; au moment de la guerre, il est âgé, c'est donc l'un de ses fils, Hector, qui mène les Troyens au combat.

SAMÉ : l'île actuelle de Céphalonie ; elle appartenait au royaume d'Ulysse.

SCYLLA : monstre légendaire installé sur un promontoire rocheux, à l'extrémité nord du détroit de Messine, sur la rive continentale. Il a un corps de femme, entouré de chiens à sa partie inférieure. À chaque bateau qui passe, les chiens enlèvent des marins qui sont aussitôt dévorés.

SIDON : ville de Phénicie ; c'est l'actuelle Saïda, dans le sud du Liban.

SOLEIL : voir *Apollon*.

SPARTE : ville du Péloponnèse sur laquelle régnait Ménélas. À l'époque classique, c'est une des principales cités grecques. Elle est également appelée Lacédémone et ses habitants Lacédémoniens.

STYX : fleuve horriblement glacial des enfers. C'est par lui que les dieux prêtent le plus horrible et le plus inviolable des serments.

SYROS : une île de l'archipel des Cyclades, en mer Égée.

TÉLÉMAQUE : fils d'Ulysse et de Pénélope ; il venait de naître quand son père a dû partir en guerre. Au retour d'Ulysse, il a donc vingt ans.

THÈBES : ville de Béotie, patrie du devin Tirésias.

TIRÉSIAS : devin thébain, qu'Ulysse va consulter aux enfers, sur la recommandation de Circé.

TROIE : ville légendaire de l'Asie Mineure, près de l'extrémité sud-ouest de l'Hellespont, l'actuel détroit des Dardanelles. Elle est également appelée Ilion.

ULYSSE : fils de Laërte, l'homme aux mille ruses.

ZANTE LA FORESTIÈRE : île qui faisait partie du royaume d'Ulysse ; l'actuelle Zakynthos.

ZÉPHYR : vent d'ouest ou de nord-ouest ; souvent considéré comme violent chez les Grecs, il est au contraire le type même du vent doux et agréable dans la littérature française.

ZEUS : le plus grand et le plus puissant des dieux dans la religion grecque. C'est le dieu du ciel lumineux, mais il peut aussi devenir orageux : il foudroie ceux qui s'opposent à lui. Un jour qu'il avait mal à la tête, il a demandé à Héphaïstos, le dieu forgeron, de lui donner un coup de hache, et, de son crâne fendu a surgi tout armée (lance, casque et bouclier de bronze) la déesse de l'intelligence, Pallas-Athéna, protectrice d'Ulysse.

Romain Slocombe

Influences

Les livres illustrés de son enfance,
les aventures de Tintin et celles de Blake et Mortimer,
l'Extrême-Orient (le Japon surtout),
les romans policiers,
en commençant par Sherlock Holmes.

Amours

Voir ci-dessus, et sa fille Miyako.

Haines

Le racisme, l'autoritarisme, le conformisme.
Il ne hait personne,
seulement les sentiments négatifs.

Parcours

Né à Paris en 1953.
Après l'école des Beaux-Arts,
il publie ses premières illustrations
(de science-fiction) dans la revue *Galaxie*.
En 1977, il découvre le Japon,
où il retournera très souvent.
Il est l'auteur de bandes dessinées,
chez Futuropolis et Albin Michel,
et a illustré de nombreux romans pour la jeunesse.

Envies

Faire encore des livres, visiter la Chine,
retourner voir les îles grecques,
et, un jour, vivre au Japon, où il a ses meilleurs amis.

DÈS 8 ANS :

3. *Trois Aventures de l'Ogre-doux*
Jean-Loup Craipeau
5. *Gaël et Réséda* • Dominique Buisset
16. *Les Malheurs de Sophie*
Comtesse de Ségur
17. *L'école qui n'existait pas* • Gudule
25. *Le 397e Éléphant blanc*
René Guillot
33. *Les Nougats* • Claude Gutman
34. *Le Dragon déglingué*
Jean-Loup Craipeau
43. *L'Étrange Madame Mizu*
Thierry Lenain
50. *L'Inventeur* • René Escudié
56. *À l'abordage, Mamadou Courage !*
Jean-Loup Craipeau

DÈS 9-10 ANS :

1. *Gare au carnage, Amédée Petipotage !*
Jean-Loup Craipeau
2. *Trafic à la gare de Norvège*
Pierre Mezinski et Corinne Bouchard
6. *Cabot-Caboche* • Daniel Pennac
7. *L'Œil du loup* • Daniel Pennac
8. *Opération Marcellin* • Claire Mazard
9. *L'Expédition perdue* • Pierre Pelot
12. *Croc-Blanc* • Jack London
13. *Vingt Mille Lieues sous les mers*
Jules Verne
15. *Le Fil à retordre*
Claude Bourgeyx
18. *Les Mange-Forêts* • Kim Aldany
19. *Contes et Légendes des chevaliers de la Table Ronde*
Jacqueline Mirande
21. *Contes et Légendes de la mythologie grecque*
Claude Pouzadoux
22. *Contes et Légendes de l'Égypte ancienne*
Brigitte Évano
23. *Les 777 pouvoirs* • Renée Billot
26. *Sur la piste du loup*
Daniel Meynard
27. *Gazoline et Grenadine*
Jean-Loup Craipeau
28. *Un chien dans un jeu de quilles*
Thierry Lenain
35. *Le Renard de Morlange*
Alain Surget
36. *Les Horloges de la nuit*
Roderic Jeffries
37. *La Rédac* • Évelyne Reberg
38. *Julie-Égalité* • Jacqueline Mirande
41. *Pinocchio* • Carlo Collodi
44. *Le Redoublant* • Claire Mazard
45. *Contes et Légendes du Moyen Âge*
Jacqueline Mirande
47. *Le Secret de la falaise*
Yves Pinguilly
48. *Racamiel et Rigobert*
François Sautereau

49. La Ballade d'Aïcha
Robert Boudet
51. Le Jour de tous les mensonges
Hubert Ben Kemoun
52. Chlaganoir
Évelyne Reberg et Guy Jimenes
53. Kerri et Mégane et les Transmiroirs
Kim Aldany

DÈS 11-12 ANS :

4. Lapoigne et l'Ogre du métro
Thierry Jonquet
10. La Dernière Pluie
Jean-Pierre Andrevon
11. Contes et Légendes de l'Odyssée
Jean Martin
14. La Guerre du Feu
J.-H. Rosny aîné
20. Contes et Légendes de la naissance de Rome
François Sautereau
24. Contes et Légendes de l'Iliade
Jean Martin
30. Dans les forêts de la nuit
Nadèjda Garrel
31. Lapoigne à la chasse aux fantômes
Thierry Jonquet
32. Jalouve • Éric Sanvoisin
39. Train d'enfer • Michel Amelin
40. Le Secret de la pierre noire
Patrick Grainville
42. Aïna, Fille des étoiles
Christian Grenier
46. La Chanson de Hannah
Jean-Paul Nozière
54. Lapoigne et la Fiole mystérieuse
Thierry Jonquet
55. La Montre infernale
François Sautereau

À PARAÎTRE :

AVRIL 96 :

Aïna et le Secret des Oglonis
Christian Grenier
La Route du danger • Roderic Jeffries
Prisonniers des sables
Yves-Marie Clément
Un alligator pour la vie
François Zabaleta

JUIN 96 :

Pour l'amour de la Marie-Étoile
Sylvie Queyron
Augustin et Amandine
Geneviève Le Moal
Mes chers voisins • Gérard Moncomble

SEPTEMBRE 96 :

Le Jour du meurtre
Hubert Ben Kemoun
Le Club des secrets • Elsa Devernois
Le Puma aux yeux d'émeraude
Yves-Marie Clément

N° d'Éditeur 10033484 (VI) 28 OSBV 90°. Dépôt légal Mars 1996. MAME Imprimeurs à Tours
Loi numéro 49 956 du 16 juillet 1949 sur les publications destinées à la jeunesse
ISBN 2-09-282111-3

HOMÈRE ET L'ODYSSÉE,

LÉGENDE, HISTOIRE ET POÉSIE

HOMÈRE ET L'ÉPOPÉE

L'*Iliade* et l'*Odyssée* sont deux *épopées* grecques très anciennes. Elles sont souvent traduites ou adaptées, comme ici, *en prose*. Mais il faut se rappeler que ce sont des *poèmes* : elles ont été composées dans une *forme* spéciale et non pas dans la langue de tous les jours, ni dans celle que l'on employait pour raconter simplement une histoire.

Une épopée est un long poème qui raconte les exploits de princes d'un lointain passé, des « héros », dans les aventures desquels interviennent des dieux ou des monstres. L'*Iliade* a plus de quinze mille vers, l'*Odyssée* environ douze mille.

Le texte de l'*Iliade* et de l'*Odyssée*, tel que nous le possédons aujourd'hui, est à peu près celui que l'on récitait à l'occasion des grandes fêtes, à Athènes, au VIe siècle avant J.-C. On avait alors pour Homère, que l'on tenait pour un poète aveugle du VIIIe siècle avant J.-C., une si grande admiration que les cités grecques se disputaient l'honneur d'avoir été sa patrie.

En réalité, on sait peu de choses sur lui. On ignore son lieu et sa date de naissance. Mais il est possible qu'il ait vécu et exercé son art au VIIIe siècle av. J.-C., dans les cités grecques de la côte de l'Asie Mineure.

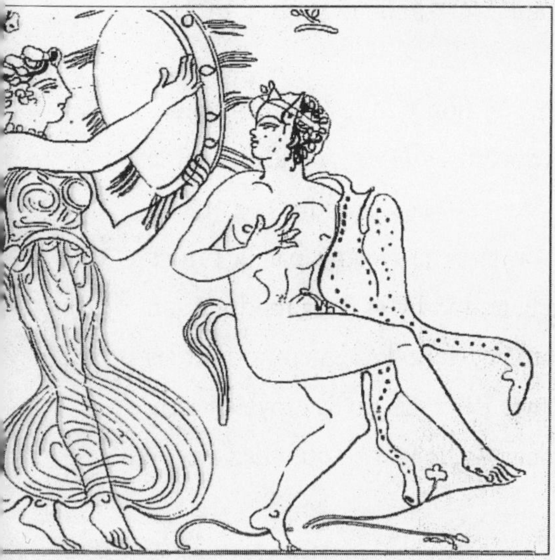

L'*Iliade* et l'*Odyssée* se rattachent à une très ancienne poésie orale : dans une fête ou un banquet, un *aède* (un *chanteur*) récitait un épisode d'une ancienne légende, en s'accompagnant d'une cithare et en composant au fur et à mesure. Il puisait dans une réserve d'histoires apprises par cœur, et il improvisait, brodait, ajoutait de nouveaux morceaux, en composant des vers comme il avait appris à le faire auprès d'un maître. Homère fut peut-être un de ces aèdes.

LA GUERRE DE TROIE

Ce sont les récits légendaires de la guerre de Troie qui fournissent leur matière à l'*Iliade* et à l'*Odyssée*. Il se peut qu'il y ait eu une guerre de Troie vers le début du XIIIe siècle (1270 ?) avant J.-C., mais rien ne le prouve d'une façon certaine.

Les anciens Grecs, comme le montrent les poèmes homériques, croyaient que leurs ancêtres achéens, conduits par le roi d'Argos, Agamemnon, étaient allés prendre et détruire Troie. Après l'enlèvement de la belle Hélène par le prince troyen Pâris, il s'agissait de la reprendre et de la rendre à son époux Ménélas, roi de Sparte, et frère d'Agamemnon. Et les aèdes chantaient les aventures de héros qu'ils croyaient être les combattants de cette guerre-là, et leur retour chez eux.

LA QUESTION HOMÉRIQUE

C'est probablement vers le VIIIe siècle avant J.-C. que l'*Iliade*, puis, un peu plus tard, l'*Odyssée*, furent composées. Il est très probable qu'à la même époque, et peut-être même avant, il y eut d'autres poèmes composés sur les mêmes thèmes : « Colère d'Achille » et « Retour et vengeance d'Ulysse ». Mais l'*Iliade* et l'*Odyssée* devaient être les plus beaux de ces poèmes, ou bien elles ont eu plus de chance : les autres ont disparu, tandis qu'elles nous ont été conservées.

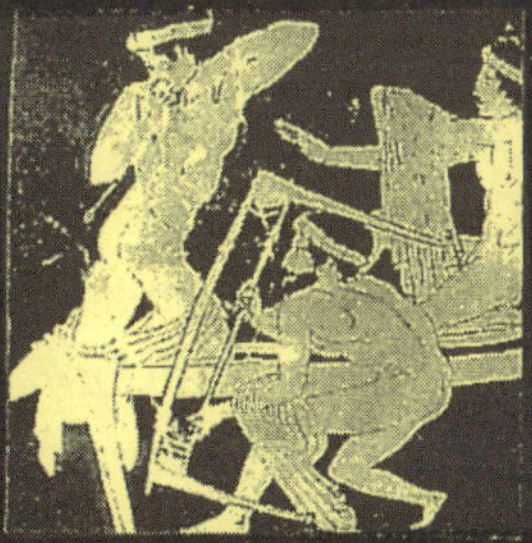

Est-ce l'œuvre d'un seul poète ou de plusieurs ? C'est la « question homérique ». Les savants ne sont pas d'accord : pour certains, un seul poète, Homère, a créé dans sa jeunesse l'*Iliade*, et dans sa vieillesse l'*Odyssée* ; pour d'autres, les différences entre les deux poèmes sont trop grandes, et il n'est pas possible qu'ils aient été composés à la même époque ni par le même homme. Malgré tout, par souci de commodité, on continuera, ici, à suivre la tradition et à parler d'Homère comme d'un seul homme.

ULYSSE

En grec, il s'appelle *Odysseus*, et de là vient le titre de l'*Odyssée*. Il est roi d'Ithaque et de quelques îles voisines, parce que son père Laërte lui a cédé le trône. Dans sa jeunesse, il a voulu épouser Hélène, fille du roi de Sparte, Tyndare. Celui-ci était embarrassé par le grand nombre des prétendants, car en choisir un, c'était se faire des ennemis de tous les autres… Ulysse fit à Tyndare la suggestion de les lier par un serment : Hélène choisirait elle-même son mari, et tous les prétendants jureraient de respecter son choix. Mieux : si quelqu'un venait à l'enlever, tous ensemble, ils aideraient son mari à la reprendre.

C'est ainsi qu'Hélène choisit Ménélas, qui, après son beau-père Tyndare, devint à son tour roi de Sparte. Quand, par la suite, un prince troyen nommé Pâris enleva la belle Hélène, ses anciens prétendants durent partir en guerre aux côtés de Ménélas. Ulysse, entre-temps, avait épousé Pénélope et celle-ci venait de donner naissance à leur fils Télémaque, mais il fallait tenir parole…

Ulysse est le héros « qui a plus d'un tour dans son sac » : astucieux et fourbe, il se sert de son intelligence et de sa ruse plus volontiers que de sa force. Il est le contraire du « bouillant Achille » que sa bravoure et son impulsivité empêchent souvent de réfléchir. L'*Odyssée* mentionne d'ailleurs une querelle entre eux à ce sujet.

Dès le début de l'expédition, Ulysse joue un rôle important : c'est un beau parleur qui sait persuader les autres par ses discours – et ses mensonges. Au besoin, c'est lui qui se charge de convaincre l'assemblée de l'armée qu'elle a précisément envie de faire ce qu'a décidé le conseil des rois. Il tient le rôle d'ambassadeur dans les situations les plus délicates, mais il sait, à l'occasion, se déguiser pour aller espionner l'ennemi… C'est lui, enfin, qui, inspiré par la déesse de l'intelligence, Pallas Athéna, a l'idée de la ruse qui lui vaudra le surnom de « preneur de ville » : le cheval de Troie.

L'ODYSSÉE

Après dix ans d'une guerre qui s'achève par la prise et le pillage de Troie, il faut rentrer chez soi. Poursuivi par la haine de Poséidon, le dieu de la mer, pour avoir aveuglé son fils le cyclope Polyphème, Ulysse mettra dix autres années à regagner Ithaque : poussé par la tempête, il bourlingue jusqu'au bout du monde… et jusque chez les morts.

Un grand savant, Victor Bérard, a voulu reconstituer les voyages d'Ulysse. Après avoir parcouru la Méditerranée en bateau pour se rendre compte par lui-même, il a donc dressé une carte du périple d'Ulysse.

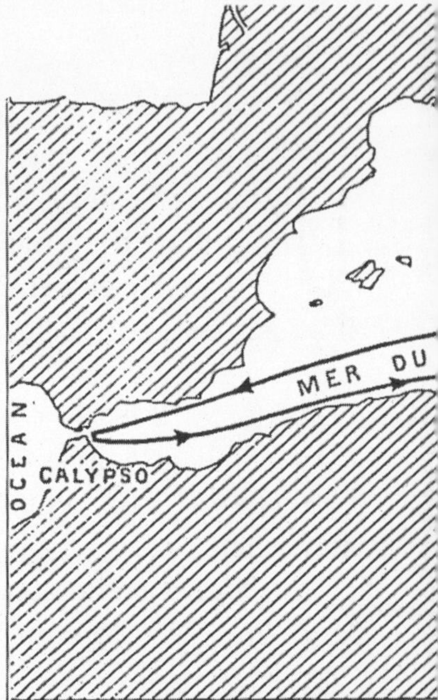

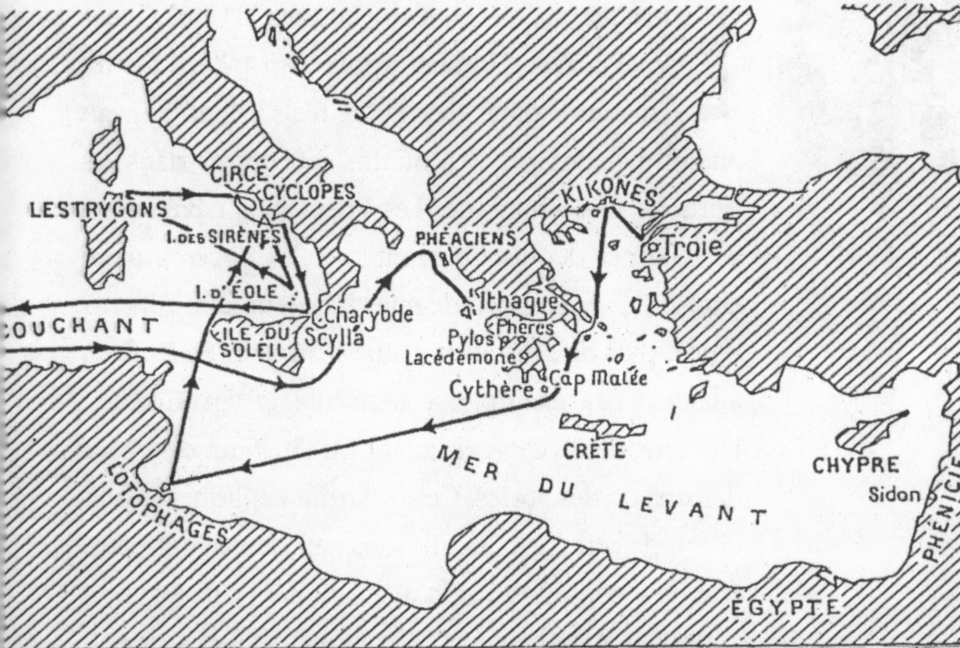
CIRCÉ
CYCLOPES
LESTRYGONS
I. DES SIRÈNES
I. D'ÉOLE
COUCHANT
ILE DU SOLEIL
Charybde
Scylla
PHEACIENS
KIKONES
Troie
Ithaque
Phères
Pylos
Lacédémone
Cap Malée
Cythère
CRÈTE
MER DU LEVANT
CHYPRE
Sidon
PHÉNICIE
LOTOPHAGES
ÉGYPTE

En effet, même si les aventures d'Ulysse sont imaginaires, Homère a fort bien pu les mettre en scène dans des lieux réels, dont il avait entendu parler par des marins rencontrés dans les ports de l'Asie Mineure. Les Phéniciens naviguaient vers l'ouest depuis longtemps, et les Grecs avaient entrepris, avec un peu de retard, de leur faire concurrence, puis de s'installer en Italie du Sud. en Sicile et ailleurs, par exemple à Marseille et en Corse… Homère, dans l'*Odyssée*, aurait pu s'inspirer des récits des uns ou des autres. Cela pourrait expliquer la précision de certaines descriptions : elles viennent peut-être de « conseils pour la navigation » ; cela pourrait expliquer aussi l'aspect un peu « marseillais » de certaines histoires, vantardises de marins, le soir, à la taverne : « Moi, un jour… », etc., et les autres, ébahis, offrent à boire à l'aventurier… Cela pourrait expliquer, enfin, les horreurs : quand on a découvert un lieu avantageux où faire du commerce, on a tout intérêt à effrayer les concurrents éventuels en racontant partout que les indigènes sont cannibales… et voilà les Cyclopes et autres monstres !

Mais les aventures d'Ulysse ressemblent aussi à des contes comme ceux des *Mille et Une Nuits*, dans lesquelles on trouve précisément, par exemple, les aventures de *Sinbad le marin*... Enfin, et surtout, l'*Odyssée* est un poème, qui n'a pas pour fonction de renseigner sur le monde, mais de jouer avec le langage et les mots pour faire naître l'émotion et le plaisir de la beauté.

LES DIEUX ET LES HOMMES

Déméter

Tout, dans l'épopée, se trouve entre les mains des dieux. Le *merveilleux,* c'est-à-dire les événements miraculeux et les interventions des dieux, tout cela fait partie de ce genre poétique. Dans l'*Odyssée*, le monde, en pleine exploration, est encore plein d'enchantements et de magie, peuplé de dieux secondaires (Éole, Circé, Calypso…) et de monstres (Cyclopes, Sirènes…) qui en font une terre d'aventures fantastiques. Le « héros » le plus malin ne peut tirer son épingle du jeu qu'avec le secours d'une divinité.

Chez Homère, comme dans la religion grecque en général, les dieux ont forme humaine : ils sont présentés seulement comme des humains plus grands, plus beaux, plus forts, ce qui est aussi le cas des « héros ».

Ils ont des pouvoirs surnaturels, comme celui de changer de forme, de se *métamorphoser*. Dans l'*Iliade,* ils ne s'en servent guère, mais, pour certains d'entre eux, il est évident qu'ils sont la personnification de phénomènes naturels : c'est ainsi que l'*Aurore aux doigts de rose* personnifie les premières lueurs du soleil levant, le dieu du Xanthe, un fleuve en crue, ou Héphaïstos, le feu.

Poséidon

Artémis

Apollon

Aphrodite

Zeus

Athéna

Dans l'*Odyssée*, souvent, c'est la métamorphose qui révèle, après coup, la présence de la divinité : après avoir accompagné Télémaque sous l'apparence de Mentor, un vieillard d'Ithaque, Athéna, sur le rivage de Pylos, se transforme soudain en orfraie, avant de disparaître.

16

Thémis

Mais c'est leur immortalité qui différencie radicalement les dieux des humains. Les hommes, même les héros, si forts et si vaillants soient-ils, ne peuvent échapper à la mort. Présente partout dans l'*Iliade*, l'idée de la mort voyage avec Ulysse tout au long de l'*Odyssée*.

Aux deux bouts du voyage d'Ulysse (et ce voyage est peut-être aussi une image de la vie humaine), il y a deux pays et deux femmes. Dans l'un, où règne une abondance miraculeuse, une déesse, Calypso, aime Ulysse et veut le rendre immortel. Refusant l'immortalité, il choisit de rentrer dans son pays, une île pauvre et caillouteuse, auprès de Pénélope, une mortelle.

Ce qui a fait le succès du personnage d'Ulysse à travers les siècles et les littératures, plus que ses qualités héroïques ou sa ruse légendaire, c'est peut-être ce choix-là : apparemment absurde, il en est d'autant plus émouvant et plus beau.

CRÉDITS PHOTOGRAPHIQUES

L. Gary / D R : 4 ; Nathan : 3, 4 b, 5, 8, 12, 13, 15 hg, 15 bg, 15 bm, 15 bd, 16 ; Magnum / E. Lessing : 7 m et b ; Nathan / Anderson-Giraudon : 15 hd ; Nathan / British Museum : 10 ; Nathan / Giraudon : 1, 6, 9, 14, 15 hm.